간호사가 말하는
간호사

지은이들 권혜림 일산병원 응급실 간호사 | 권성희 고려대병원 일반외과 책임간호사 | 문성미 고려대병원 인공신장실 간호사 | 김지연 전 서울대병원 간호사 | 신민정 경희의료원 안과&재활의학과 간호사 | 김금슬 국립서울병원 소아청소년 병동 간호사 | 장영은 강북노인병원 중환자실 간호사 | 장정길 일산제일병원 원무과 과장 | 최화숙 이화여대 가정호스피스센터 책임자 | 권명순 교보생명 언더라이터 | 김경남 신헌준법률사무소 의료소송팀 과장 | 전선영 대한항공 항공보건팀 과장 | 김명미 서산 석림초등학교 보건 교사 (이상 원고 게재 순), 그리고 임현주 프리랜스 라이터

간호사가 말하는 간호사

2004년 10월 28일 초판 1쇄 발행
2025년 5월 27일 초판 29쇄 발행

지은이 권혜림 외 13인
펴낸곳 부키(주)
펴낸이 박윤우
등록일 2012년 9월 27일 등록번호 제312-2012-000045호
주소 서울시 마포구 양화로 125 경남관광빌딩 7층
전화 02) 325-0846
팩스 02) 325-0841
홈페이지 www.bookie.co.kr
이메일 webmaster@bookie.co.kr
제작대행 올인피앤비 bobys1@nate.com
ISBN 978-89-85989-74-9 14300
ISBN 978-89-85989-61-9 (세트)

책값은 뒤표지에 있습니다.
잘못된 책은 구입하신 서점에서 바꿔 드립니다.

부키 전문직 리포트 4

간호사가 말하는
간호사

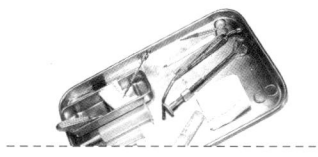

13명의 전·현직 간호사들이
솔직하게 털어놓은
간호사의 세계

부·키

차례

1장 새내기 간호사의 좌충우돌 수련 일기
01 신규 수련기 '죄송'은 입에 달고 '눈물'은 눈에 달고 | 권혜림 9

2장 간호사 24시
01 수술실 간호사 '피'를 보며 일하는 독한 사람들 | 권성희 23
02 인공신장실 간호사 가족보다 자주 보고 이웃보다 살가운 | 문성미 33
03 응급실 간호사 생로병사의 정점, 그 한가운데를 달리며 | 김지연 47
04 병동 간호사 격무와 편견을 이기고 '환자'만 보일 때까지 | 신민정 57
05 정신과 간호사 마음을 나누는 누이이자 친구로 | 김금슬 67
06 개인 병원 간호사 작은 병원에서 큰 간호사 되기 | 장영은 77
07 남자 간호사 '남자' 간호사가 아니라 그냥 '간호사' 대! | 장정길 87
08 호스피스 간호사 아름다운 죽음을 위한 최상의 대안 | 최화숙 97

3장 더 넓은 간호사의 세계
01 미국 간호사 세상은 넓고 우리를 부르는 곳도 많다 | 김지연 111
02 언더라이터 벌레 먹은 사과, 어디까지 도려낼까? | 권명순 121

03 의료 소송 매니저 약자를 위해 싸우는 백의의 투사 | 김경남 131

04 항공 전문 간호사 스스로 계획하고 실행하는 기쁨 | 전선영 141

05 보건 교사 '교육과 건강' 두 마리 토끼 잡기 | 김명미 151

4장 간호사 정보 업그레이드

01 간호사와 환자, 그 애증의 관계 정말 감당하기 어려운 사람들 | 문성미 165

02 간호사에 대한 궁금증 20문 20답 간호사, 아는 만큼 보인다! | 문성미 173

부록 1 간호사에 대해 알 수 있는 영화와 만화 | 191

부록 2 전국 간호대학 일람표 | 199

1장

새내기 간호사의 좌충우돌 수련 일기

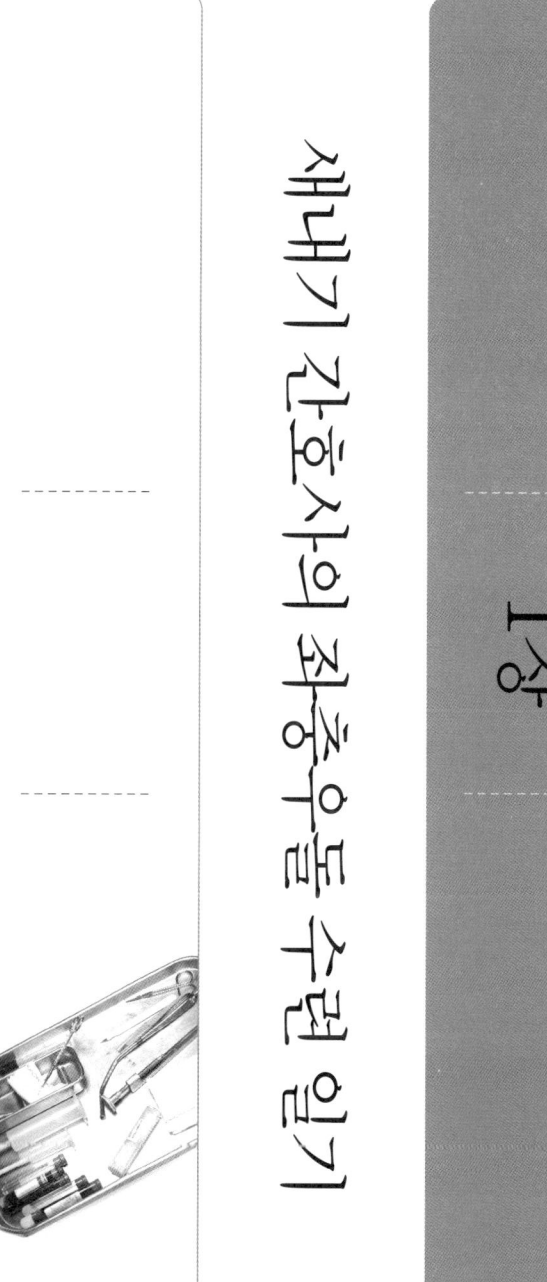

01   신규 수련기

'죄송'은 입에 달고
'눈물'은 눈에 달고

| 권혜림 |

1982년 상주 출생. 2004년 2월 가천 길대학 간호과를 졸업했다. 2003년 10월 보건복지부 산하 일산병원 채용 시험에 합격하고 2004년 4월 1일부터 응급실에서 일하고 있다.

올해 초 대학을 졸업하고 일산병원에 입사한 나. 그런데 한 달 남짓한 간호사 생활은 3년의 대학 생활보다 더 길고 아찔한 순간의 연속이었다. 신규 간호사의 어려움에 대해서는 학창 시절 선배들로부터 귀가 따갑게 들어왔지만 현실은 들었던 것보다, 생각했던 것보다 몇 배 이상의 인내가 필요했다.

근무 첫날인 4월 1일, 간호 행정실에서 응급실 근무를 발령 받는 순간부터 고통은 시작되었다. 응급실은 학교 실습 과정에서 유일하게 경험해 보지 못한 부서였다. 신참에게는 부서 선택 권한이 없으니 어디에 항의할 수도 없었다. 대부분의 병원은 신입사원을 우선 채용한 후 빈자리가 날 때마다 인력을 보충하기 때문에 부서 배치에 개인의 의사가 반영되는 것은 현실적으로 불가능했다. 때문에 자신이 원하는 부서

로 갈 수 있는 방법은 단 하나, 원하는 자리가 날 때까지 기다리면 된다. 하지만 그렇게 기다리는 건 너무나 큰 모험이기에 대부분의 간호사들은 발령을 받아들였고, 나 역시 그랬다.

새 가운을 입고 들어간 응급실, 사람도 낯설고 의료 기구도 익지 않고… 모든 일이 조심스러웠다. 그래도 의욕만은 충만했으나 막상 전기톱에 손이 잘린 '대박 환자'(생명의 위급을 다투는 정도의 응급 환자)가 피를 사방에 뿌리며 도착하자 상황은 급변했다. 솟아오르는 피를 보자 숨이 차오르며 급기야 호흡 곤란 증세가 나타난 것이다. 결국 난 환자를 치료하는 대신 내가 환자 신세가 되어 산소 호흡을 받아야 했다. 얼마간 시간이 흐르고 마음이 진정된 후 다시 간호사로 돌아가 환자를 돌보긴 했지만 출근 첫날 응급실 근무 8시간은 너무나 길었다.

근무를 마치고 집에 가는 버스 안에서 나는 첫 출근의 뿌듯함 대신 눈물로 마음을 달래야 했다. 하루 종일 뛰어다녀 다리는 퉁퉁 부어오르고 몸도 천근만근 무거웠지만 정작 마음이 더 무거웠다. '과연 내가 이 일을 해 낼 수 있을까.' 자책과 걱정이 밀려왔기 때문이다.

이런 회의는 나뿐만 아니라 모든 '신규' 간호사들이 겪어야 하는 일종의 통과의례이다. 더구나 업무 배치, 즉 자신이 일할 곳을 출근하고 나서야 알게 되고, 대부분은 예상하지 못한 업무를 배정 받는다. 미리 부서 배치를 받고, 충분한 마음의 준비를 한 후 일하고 싶은 것이 모든 간호사들의 마음이지만, 빈자리가 날 때마다 인력을 보충하는 병원의 현실은 이를 반영하지 못하고 있다.

근무 4일째인 4월 5일은 신규 간호사인 나에게 응급실의 진면목을 본 날로 남을 기억에 남을 만했다. 나들이 인파가 많은 만큼 사고도 많은데다 대부분의 병원이 문을 닫는 공휴일, 오전부터 환자들이 몰리기 시작했다. 가장 많은 환자는 교통사고 환자. 이 외에도 심장마비, 복통, 두통, 외상 환자 등 갖가지 질환의 환자들로 넘쳐 나 오후엔 응급실 침대가 모자라 바닥에 환자를 눕혀 놓고 치료를 해야 할 정도였다. 잠시도 숨 돌릴 틈이 없는 상황이, 아직 초짜 티를 벗지 못한 나에게는 응급실은 병원이 아니라 전쟁터 그 자체였다.

그 와중에 속칭 '대박 환자'가 도착했다. 일산 외곽순환도로에서 자전거를 타다가 트럭에 치인 환자로, 트럭 바퀴에 다리가 끼어 하얀 뼈가 훤히 드러나 보이는 상태였다. 대박 환자가 도착하자 응급실은 의사와 간호사의 부산한 움직임으로 더욱 바빠졌다. 곧바로 수혈 준비가 시작되고, 혈압과 체온을 체크하고, 다리 부상 외에 다른 증상이 있는지에 대한 검진이 이루어졌다. 다행히 환자의 의식은 놀라울 정도로 또렷해서 묻는 말에 정확히 대답을 할 수 있는 상황. 하지만 과도한 출혈 때문에 치료는 곧 시간 싸움이었다. 1분 1초에 환자의 운명이 바뀔 수 있는 상황에서 의사의 처방과 선배 간호사들의 주문은 쉴 새 없이 계속되었지만, 신참인 나는 아무리 몸을 빨리 움직여도 '빨리 빨리'에 정확히 응하기엔 역부족이었다. 다행히 환자는 피를 서른 개나 수혈 받은 후 위기를 모면할 수 있었다. '휴~' 하는 한숨이 절로 나오는 순간이었다.

위기를 모면한 대박 환자가 응급실을 떠난 후에도 잠시 쉴 틈이 없었다. 바닥에선 환자가 통증을 호소하고, 대박 환자를 치료하느라 돌보기를 소홀했던 환자 가족들의 항의와 재촉이 빗발쳤다. 다시 속도전이 시작되었다. 4월 5일 근무 시간 동안 응급실을 거쳐 간 환자는 200여 명이 훨씬 넘었다. 한마디로 '눈썹 휘날리게' 뛰어다닌 날이었다.

대박 환자보다 더 어려운 경우도 있다. 전날 갑자기 숨을 쉬지 않아 응급실에 실려 온 할아버지가 다음날 출근해 보니 이미 숨을 거둔 상태. 나에게 맡겨진 업무는 숨을 거둔 할아버지를 영안실로 옮기기 전에 치료에 쓰인 기구들을 모두 제거하는 일이었다. 아무도 없는 방, 시체에서 산소 호흡기와 소변 줄을 제거해야 한다니, 난생 처음 경험하는 일이었기에 너무나 무서웠다. 방에 들어서는 순간 또다시 호흡 곤란 증세가 나타나 가까이 다가서는 것도 쉽지 않았다. 그러나 나는 '더 이상 약한 모습을 보여서는 안 된다.'며 스스로를 독려했다. 마음속으로 '지금 이 앞에 누워 있는 것은 시체가 아니라 환자'라는 주문을 끊임없이 외우면서 겨우 기구를 제거할 수 있었다. 일을 마치는 순간 온몸에 힘이 쭉 빠졌지만 한편으론 주어진 임무를 무사히 해냈다는 안도감에 응급실에서 근무하면서 처음으로 뿌듯함을 느낄 수 있었다.

타고 또 타야 한다

응급실은 말 그대로 응급 상황의 환자가 찾는 곳이다. 그래서 상황은 항상 위급하다. 환자와 가족이 다급한 마음으로 찾는 응급실, 설사 의료진의 판단으로는 그리 위급하지 않은 상황이라 하더라도 그 마음을 헤아려 언제나 신속히 움직여야 하는 것이 응급실의 생리이다. 근무 경험이 많은 선배 간호사들은 분주하게 움직이긴 하지만 당황하는 일은 별로 없다. 오히려 다급한 환자일수록 더욱 차분하게 치료를 하는 것이 응급실에서 일하는 베테랑 의료진의 특징이다. 그러나 신참에게 응급실은 평소 알고 있던 것도 실수하기 쉽고 마음이 위축되기 쉬운 곳이다.

신규 간호사의 훈련은 엄격하고 빡빡하기로 정평이 나 있다. 간호사의 일 자체가 사람의 생명을 다루는 것이므로 한 치의 오차도 허용되지 않는다. 때문에 선배들은 신규 간호사가 들어오면 길들이기에 돌입한다. 근무 시간 내내 가벼운 충고부터 "이것밖에 못해?"라는 힐난성 어조가 이어지고 신규 간호사는 "죄송합니다."를 입에 달고 살아야 한다.

물론 처음부터 신규 간호사 혼자 간호를 하는 것은 아니다. 3개월의 수습 기간에는 프리셉터(preceptor) 제도가 이루어져 신규 한 명당 담당 선배를 배치해 실무를 배우게 한다. 근무가 끝난 후 테스트를 통해 응급실에서 자주 쓰는 약 이름, 약의 생김새, 의학 용어, 질환별 세트 준비 요령 등을 익히기도 한다. 그러나 신규라고 해서 환자를 전혀 돌보지 않을 수 없고 신참이기 때문에 실수도 할 수 있다는 너그러움은 병동 어디에서도 통하지 않는다.

신규 간호사들은 선배 의료진들이 자신이 환자를 간호하는 모습을 옆에서 지켜보고 있을 때 긴장감은 극에 달한다. 응급실에서 일하는 간호사 숫자는 대략 20여 명. 20여 명 모두 자신의 행동 하나하나를 살피고 있다는 생각 때문에 환자에게 히스토리(병력)를 물을 때도 '혹시 쓸데없는 질문으로 시간을 끌지는 않을까.' '방향을 잘못 잡아 환자 상태를 정확히 파악 못하지는 않을까.' 하는 마음에 노심초사하게 된다. 혼자서는 잘하는 일도 선배들이 지켜본다는 생각이 들면 머릿속이 백지로 변하면서 우물쭈물하게 되는 것이다. 이럴 때 실수를 하면 바로 선배늘의 질책과 충고가 이어진다. 그 순간은 철저히 혼자가 되어 내 편이 하나 없는 싸움터에서 홀로 서 있는 기분이 들 수밖에 없다.

트레이닝 기간 동안 신규 간호사는 한 번 배운 것은 두 번 다시 묻지 않는다는 원칙을 지켜야 한다. 사실 환자를 돌보면서 업무를 배운다는 것이, 메모조차 어려운 상황에서 한 번 배운 것을 완전히 숙지한다는 건 결코 쉽지 않다. 그러나 다시 묻는 건 더욱 어렵기에 매 순간이 긴장의 연속이고 이 긴장이 예기치 않은 실수를 하게 만들기도 한다.

나 역시 긴장감 때문에 실수를 하기도 했다. 환자 채혈을 할 때였다. 그 환자는 심장에 이상이 있었는데, 이 경우 정확하게 피를 배양해서 검사해야 한다. 그런데 그만 처방을 잘못 본 난 선배 간호사가 더 뽑을 피의 양을 묻는 과정에서 '없다'고 대답한 것이다. 이에 선배 간호사는 일을 중단하고 피를 튜브에 나누어 담았다. 그러나 다시 처방을 확인해 본 결과 튜브 하나가 부족한 사실이 발견되었다. 이미 채혈 세트는 모두 정리한 상태. 여기저기서 "똑바로 해야지." 하는 질책이 쏟아졌고, 나도 모르게 눈물이 흘렀다. 선배 간호사가 조용한 곳으로 데려가 상황을 설명하고 잘못을 지적한 후 위로를 해 주어도 서러운 마음은 가시질 않았다. 선배의 충고는 한 마디 한 마디가 모두 정확했다. 그렇지만 그때는 자신과 똑같이 신규 과정을 거쳤기에 누구보다 이해해 줄 수 있는 선배 간호사에게 이해 받지 못한다는 사실이 원망스럽기만 했다.

신규 간호사가 선배들에게 충고나 질책을 받는 것은 하루에도 여러 차례이다. 그럴 때마다 정신 바짝 차려야지 싶으면서도 한편으론 서러움에 혼자서 눈물을 흘리기 일쑤이다. 초보 시절 화장실이나 사람 없는 곳을 찾아다니며 남몰래 눈물을 흘리지 않은 간호사는 거의 없을 것이다. 이런 신규 간호사의 고달픔을 한 마디로 표현한 것이 '탄다'라는 말. 한 마디로 타고, 타고 또 타는 것이 신규 간호사의 하루이다.

선배들의 신규 트레이닝 말고도 힘들고 당황스러운 일은 또 있다.

그 하나는 호칭 문제. 환자나 보호자들이 '아가씨'라고 부르는 경우는 다반사고 "어이! 이것 좀 해 줘."라는 식으로 심부름꾼 취급하는 경우도 부지기수이다. 굳이 '선생'이란 호칭을 기대하진 않았다. 하지만 '아가씨'는 좀 심했다. 아가씨로 불릴 때마다 "아가씨가 아니라 간호사예요!"라고 외치고 싶지만 신참 위치에서 그런 상황에 적절하게 대응할 수 없다는 게 문제이다.

전문직 커리어우먼을 꿈꾸고 입사한 젊은 신규 간호사들에게 병원 현실은 머릿속에 그려 왔던 모습과는 전혀 다른 세계이다. 백의의 천사인 줄 알았던 선배들은 시도 때도 없이 "일이 너무 느리다." "학교에서 그것도 배우지 않았냐?"고 야단 치고, 보호와 사랑의 대상인 줄 알았던 환자들은 정작 우리를 심부름꾼 취급하며 의사에게 해야 할 항의까지 우리에게 퍼부을 때마다 누구에게도 존중 받지 못한다는 생각에서 벗어나기 힘들다.

신규 간호사가 업무에 익숙해지는 데 걸리는 시간은 평균 1년 정도. 1년이 지나면 초보 딱지를 떼고, 선배 간호사에게도 후배가 아닌 동료로 인정받는다. 그러나 이 과정을 이겨 내지 못하고 그만두는 경우도 많다. 간호사의 이직률이 가장 높을 때도 바로 입사한 지 1년 미만의 기간이다.

상황은 조금씩 다르지만 신규 간호사의 고민은 대부분 자신이 하는 일만큼 존중 받지 못한다는 직업에 대한 회의감이다. 내가 일하고 있는 응급실에서도 지난해 세 명의 신규 간호사가 모두 한 달 만에 퇴사했다. 그만큼 신규 딱지를 떼는 일은 내운 '시집살이'보다 어려운 고난의 과정인 셈이다.

이런 모진 세월을 이겨 내는 데 가장 큰 힘은 바로 프리셉터 선배와 동기 간호사이다. 신규 간호사에게 프리셉터는 어머니와 같은 존재이다. 수습 초기에는 근무 시간도 조절해 가며 일하기 때문에 가장 많은 시간 함께 지내는 선배이다. 신규에게 가장 많은 충고를 하는 이도 프리셉터 선배이며, 신규의 눈물을 가장 자주 닦아 주는 이도 프리셉터다. 함께 입사한 동기는 같은 입장에 있기 때문에 모르는 일을 가장 편하게 물을 수 있는 동지이자 굳이 말을 하지 않아도 서로를 이해할 수밖에 없는 관계이다. 나에게도 입사 일정은 좀 빠르지만 동기 간호사가 있어 어려운 일이 있을 때 큰 힘이 되고 있다.

힘들 때마다 난 간호사가 되겠다고 처음 결심했던 순간과 간호사복을 맞추기 위해 옷 치수를 재고 신발 사이즈를 재던 시절을 떠올리며 새롭게 각오를 다진다. 이 고난의 과정에서 자신과의 싸움을 이겨 내야만 환자를 위해 눈물을 흘릴 줄 아는 진정한 간호사로 거듭날 수 있다는 것을 그 누구보다도 잘 알고 있기 때문이다.

종양 전문 간호사가 될 때까지

내가 일하고 있는 일산병원은 2001년 드라마 〈메디컬 센터〉의 배경이 되었던 병원으로 750병상 규모이다. 개원한 지 4년밖에 되지 않아 시설도 깔끔하며 보건복지부 산하 기관이어서 다른 병원과 달리 간호사들은 6급 준공무원 대우를 받는다. 그래서인지 작년 일산병원은 60명 채용에 무려 1200명이 지원해 200 대 1의 치열한 경쟁률을 보였다.

1차 필기시험에선 간호학 전공과 논술을 치렀다. 간호학 전공 시험에선 객관식 60문제와 주관식 20문제가 출제되었고, 논술은 인간복제에 대한 견해를 묻는 문제가 출제되었다. 2차 면접은 병원 부원장, 간호과장, 간호팀장, 인사과장 등 4명의 면접관들이 5명의 지원자들을 불러모아 놓고 치렀는데, 주로 간호학에 대한 지식과 지원 이유 등 평이한 질문들이 많았다. 신규 채용 시에는 면접도 중요하므로 준비를 철저히 해야 한다. 병원의 간호사 채용 절차는 서류 전형 및 면접이 대부분이지만, 최근에는 일산병원처럼 필기시험을 함께 치르는 곳이 점점 늘고 있는 추세이다. 서류 전형만 하면 학교 성적이 당락의 관건이 되어 실전에 강한 인재를 놓칠 수 있는 단점이 있기 때문이다.

내가 최종 합격 통보를 받은 것은 2003년 10월 말. 그때부터 대기 발령이란 기다림이 시작되었다. 그 사이 간호사 국가고시가 있다. 국가고시에 불합격하면 병원 합격도 자동으로 취소된다. 병원은 그 해의 채용 인원을 한 번에 결정하지만 빈자리가 날 때마다 발령을 내기 때문에 심한 경우 합격 후 1~2년 정도 대기하며 기다리는 경우도 종종 발생한다. 때문에 대부분의 간호사들이 대기 기간 동안 개인 병원에 취업해 실무를 익히거나 미국 간호사 시험이나 영어 공부를 하며 시간을 활용한다.

2004년 2월 말, 합격자들이 모여 한 달 동안 오리엔테이션을 받았다. 일주일은 일산병원의 신규 간호사 지침 교육과 간호학에 대한 이론 교육을 받았고 나머지 3주는 병동에 배치되어 가운을 입고 실무 교육을 받았다. 합격자들의 합격 순위가 공개되고 대기 번호가 주어지는 것도 바로 이때다. 나의 대기 번호는 12번. 오리엔테이션이 끝나고 한 달 정도 쉰 후 일하는 순서이다. 3월 20일, 병원에서 4월 1일부터 출근하라는 통보를 했다.

나는 학교 동기들에 비해 비교적 순탄하게 근무를 시작한 경우이다. 병원에 합격하고서도 발령이 나지 않은 경우도 많고, 실력이 뛰어난 친구가 아직까지 취업이 되지 않은 경우도 있다. 또 두 병원에 합격해 2차 면접까지 갔다가 중복 지원이 발각되어 합격이 취소된 예도 있다. 반대로 오라는 병원은 많았지만 조건을 따지다 아직까지 취업을 못한 친구도 있다. 간호사는 취업률이 높으므로 불경기에도 취업은 당연하다고 생각하기 쉽지만, 자신이 원하는 병원에 입사하기 위해선 전략이 필요하다. 한 병원에 합격한 후에는 다른 병원에 지원을 하지 않는 것이 일반적이며 필기시험을 치르는 병원에 지원하려면 병원 특성에 맞춰 시험 준비도 꼼꼼히 해야 한다.

이제 응급실에 근무한 지 한 달이 지났다. 아직도 일이 느리다고 재촉을 받지만 그래도 많이 익숙해졌다. 어느 시간대에 환자가 가장 많은지도 조금씩 파악이 되고, 매일 저녁 술에 취해 이유 없이 찾아오는 취객을 봐도 덤덤하게 넘길 수 있게 되었다. 또 환자가 오면 먼저 달려가 혈압을 체크하고 히스토리(병력)를 묻는 일도 이젠 서서히 익숙해져 가고 있다. 어디가 아프냐고 물으면 온몸이 다 아프다고 대답하는 나이 많으신 어른들께도 "그 중에서도 어디가 제일 안 좋으세요?"라며 질문을 이끌어 내는 법도 배웠다. 한 걸음 더 나아가 저혈당 가능성이 있는 환자로 판단되면 의사의 처방이 있기 전에 미리 혈당 체크를 해 놓는 여유도 생겼다. 최근에는 심장이 좋지 않은 환자를 간호하며 복잡한 처방을 정확히 수치에 맞춰 처리해 선배들에게 잘 해냈다는 칭찬도 받았다. 항상 고쳐야 할 점만 지적 받아서 그런지 칭찬의 힘은 예상 외로 컸다. 그동안의 서러움이 한 번에 가시며 좀 더 잘해야겠다는 의욕이 새록새록 생겨나고 있는 걸 보니.

나에겐 작은 꿈이 있다. 지금은 응급실에서 근무하고 있지만 먼 미래에는 혈액종양내과 전문 간호사가 되고 싶다. 대학 시절 실습 나갔던 혈액종양내과에 유난히 애정이 가서 원하는 부서에 실습을 나갈 때도 혈액종양내과를 선택했었다. 그때나 지금이나 주변에서는 우울하고 심각한 분위기의 혈액종양내과를 선호하는 나를 특이한 시선으로 바라보는 이들이 많지만, 나는 암과 투병하는 이들에게 마음에서 우러나오는 간호를 하고 싶다.

일산병원에는 아직까지 종양 전문 간호사가 없다. 그래서 나는 일산병원 최초의 종양 전문 간호사가 되겠다는 목표를 세우고 현재에 충실하고 있다. 또 친절한 간호사가 되려면 우선 실력을 쌓아야 한다는 것을 깨닫고 작은 일도 게을리 하지 않으려 노력하고 있다.

아직까지도 선배들에게 쉴 새 없이 지적 받고, 몰래 혼자서 눈물을 흘리는 생활을 계속하고 있다. 하지만 그렇게 타고, 타고 또 타는 시기가 지나면 선배들에게나 환자들에게 진정한 간호사로 인정받는 날이 올 것이란 확신을 갖고 발걸음을 재촉한다.

(구술 정리 : 임현주)

2장

간호사 24시

01　　　　　　　　　　　　　　　　　　　　　　　　　수술실 간호사

'피'를 보며 일하는
독한 사람들

| 권성희 |

1971년 서울 출생. 1996년 고려대학교 간호학과를 졸업하고 고려대학교 부속병원에 입사했다. 현재 수술실 일반외과 책임간호사로 일하고 있으며, 2001년 8월부터 보건의료노조 고대의료원 지부 노동조합 교육부장을 겸하고 있다.

　사람들에게 붉은색의 피는 곧 공포인 모양이다. 간호사, 그 중에서도 수술실 간호사라고 나를 소개하면 사람들은 곧 미묘한 무엇인가(?)를 보탠 시선을 내게 보내곤 했다. 아마도 공포 영화의 한 장면처럼 수술실을 상상하는 것일 게다. 피가 뚝뚝 흐르다 못해 넘쳐 나는 곳, 날카로운 메스에 불빛이 반사되는 섬뜩한 그곳. 그런 곳에서 일한다는 것만으로 '보통 여자는 아닐 것'이라는 편견에 사로잡혀 있는 것이다. 실제로 실습을 나온 학생들조차도 자신이 만들어 놓은 수술실의 이미지에 압도되어 가끔은 수술실의 '피'를 보고 쓰러지기도 한다. 사람들에겐 공포의 대상일지도 모르는 붉은색의 피, 그 한 방울의 피가 사람의 생명을 살리는 소중한 것이라는 믿음으로 나는 오늘도 수술실 간호사로 일하고 있다.

사람들의 미묘한 시선 외에도 내게 따라오는 질문은 또 있다.

"수술실에서 일한다구요? 외과 파트인가요? 내과 파트인가요?"

내과 파트에는 수술이 없다. 내과는 약물 치료를 중심으로 의료 행위가 이루어지는 곳으로 수술은 하지 않는다. 반면 외과는 치료 방법에 수술이 포함되어 있는 모든 진료 과목이라고 해도 무방하다. 일반외과, 정형외과, 성형외과 등은 치료 방법으로 수술을 선택하기도 하는 '외과'이다.

우리 몸 구석구석을 아는 건 필수!

수술실 간호사, 과연 어떤 일을 하는 걸까? 혹 의사가 낮은 목소리로 "메스" 하며 손을 내밀면 간호사는 그 손에 메스를 건네주는 걸 상상하는가.

미디어의 묘사는 단순화되긴 했지만 틀리지는 않았다. 물론 그것이 전부는 아니지만. 수술실 간호사는 의사, 방사선사 등의 의료진과 함께 팀원으로 수술에 참가한다. 의사가 환자의 신체를 직접 다루며 집도한다면, 간호사는 이에 필요한 모든 환경을 만들고 기구를 준비한다.

수술 기구의 종류만 해도 수천 가지가 넘고 하루에도 몇 종씩 새로운 의료 장비가 개발되고 있다. 모든 외과 파트의 수술에 참가할 수 있을 정도로 숙련된 수술실 간호사가 되려면 그 어렵다는 심장 수술 과정까지 3년 정도의 수련 과정을 거쳐야 한다. 의사의 경우 전문의가 되면 성형외과, 흉부외과 등 자신의 전공 분야만 알면 되지만 간호사는 다르다. 수술실 간호사는 여러 과에서 행해지는 모든 수술을 다 알아야 한다. 그래야 밤에 주로 있는 응급 수술에 참여할 수 있다. 때문에 수술실 간호사는 수술실에서 일한 지 5년 정도가 지나야 비로소 일반외과 담당 간호사, 정형외과 담당 간호사 등 자신이 담당하는 과를 갖게 된다. 일반 병동 간호사의 경우 그 수련 과정이 보통 1년인 것을 감안한다면 수술실 간호사는 매우 긴 수련 과정을 거치는 셈이다.

일반 병동 간호사가 의사와 환자 사이에서 다리 역할을 한다면, 수술실 간호사는 의사와 함께 직접적으로 환자 몸의 이상을 교정하거나 조직을 제거하는 데 참가한다. 때문에 수술실 간호사는 머리부터 발끝까지 인체의 해부학적 구조를 정확하게 알아야 한다. 또 각 신체 조직이 어떤 기능을 하고 수술을 통해 어떤 변화의 과정을 거치는지 정확하게 파악해야 한다. 그러니 대학 시절 배운 해부학적 지식으로는 턱없이 부족하다. 때문에 수술실 간호사들은 몇 년씩 지속적으로 공부를 해야 한다.

가끔 수술실에 배치된 신입 간호사들은 해부학적인 지식의 부족으로 웃지 못할 해프닝을 연출하기도 한다. (설사 해부학적인 지식이 많다고 해도 책으로 봐서 알고 있는 것과 실제 인체의 조직을 보는 것은 엄청난 차이가 있다.)

수술실에 근무한 지 며칠 지나지 않은 어느 날이었던 것으로 기억한다. 비장(spleen)을 떼는 일반외과 수술에 참관을 하게 되었다. 거의 아기 머리만한 크기의 붉은 장기가 보였다. 일반외과 책임간호사가 "이게 뭐 같아요?"라고 물었다. 나는 자신 있게 "간이요."라고 대답했다. 그러자 그 책임간호사는 "이 환자는 그럼 죽게 되겠구나."라고 말하며 웃으셨다. 비장은 없어도 살 수 있다. 그러나 간이 없으면 사람은 죽는다. 나는 크기가 너무 커서 설마 그게 비장일 거라고는 생각하지 못하고 위치와 크기만으로 간이라고 대답한 것이다. 얼마나 창피하던지 하루 종일 고개를 들 수가 없었다. 그 이후 해부학에 더욱 매달렸다. 실제로 수술에 참관하고, 또 함께 참여하면서 인체에 대해 더 많은 공부가 되었음은 말할 필요도 없고.

힘도 원만한 대인 관계도 필수!

수술실 간호사는 수술에 필요한 물품을 정확히 준비하고 수술에 사용되는 수많은 기계의 종류와 쓰임새, 작동 방법에 대해서 정확하게 알고 있어야 한다. 다리에 쓰는 기계와 팔에 쓰는 기계가 다르고, 오른쪽 팔을 수술할 때 왼쪽 팔을 수술할 때 쓰는 기계가 제각기 다르다. 때문에 이번 수술에는 어떤 수술 기법이 적용되는지 어떻게 수술하는지 미리 알고 준비해야 한다. 만약 오른팔에 들어가야 할 기계가 왼팔에 들어가게 되면 왼팔의 뼈가 부러질 수도 있다. 이런 실수는 환자의 생명과 직결되는 문제로 항상 정확해야 한다.

수술이 진행되는 동안 의사와 함께 호흡을 맞추며, 환자가 감염에 노출되지 않도록 수술에 쓰는 모든 도구들을 무균 상태로 유지하는 것 또한 중요하다. 이는 수술실 간호사의 양심이 걸린 문제이다. 수술 후 환자의 몸이 회복될 때까지는 많은 시간이 걸린다. 수술을 할 때 균이 있는 기계를 사용하게 되면 환자의 몸에 균이 들어가서 수술 이후 다른 병이 생길 수 있다. 그러므로 수술 도중에는 항상 수술 공간을 무균 상태로 유지하고 혹 문제가 발생하면 즉각 이를 교정해야 한다. 또 수술에 사용된 기계와 바늘 등은 반드시 정확히 회수하여 환자의 수술

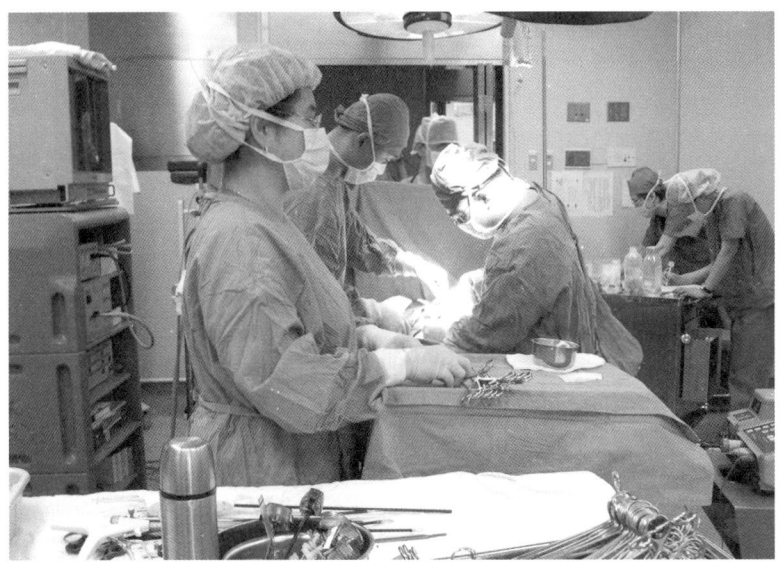
:: 수술 도구를 챙기고 있는 필자. 수술 시 쓰이는 도구는 그날 그날 수술 종류에 따라 달라지므로 철저하게 준비하고 정확하게 체크하는 것이 필요하다.

부위를 꿰매기 전에 확인을 해야 한다. 가끔 언론에 환자의 배에서 겸자 같은 수술 도구나 바늘이 나왔다는 이야기를 들으면 가슴이 섬뜩하다. 이런 일은 간호사의 책임이 가장 크다. 수술 시 모든 장비의 관리 책임은 1차적으로 간호사에게 있기 때문이다.

수술실 간호사로 일하다 보면 몇 십 킬로그램이 넘는 기계를 들어 옮기고 세팅을 하는 일도 흔하다. 병동에서 근무하다 수술실로 배치 받은 한 간호사는 이런 이야기를 미리 들었는지 20킬로그램이 넘는 기계를 한 손으로 번쩍 들고는 부들부들 떠는 것이 아닌가. 그 정도로 무거운 기계는 의사에 올려놓고 세팅하는 것이 보통인데 아마 초보라 긴장한 나머지 그런 초인적인 힘이 나온 것 같다.

수술실 간호사에게 있어서 원만한 대인 관계는 선택이 아닌 필수이다. 수술 현장은 그야말로 의사와 간호사의 움직임 하나에 환자의 생사 여부가 달린 초긴장의 장소이다. 이런 부담감 때문에 의사든 간호사든 매우 신경이 예민해져 있다. 서로에 대한 믿음과 신뢰가 없으면 그날의 수술은 그야말로 엉망이 되고 만다. 그러므로 수술실에선 말 한마디를 해도 기분 상하지 않게, 신경 거슬리지 않게, 들어서 기분 좋게 하는 배려가 꼭 필요하다.

환자가 불안하지 않게 진정시키는 것도 수술실 간호사가 해야 할 중요한 일이다. 몇 년 전 안과 수술 전담 책임간호사 시절의 일이다. 할머니 한 분이 백내장 수술을 받으러 오셨다. 백내장 수술은 나이가 들면서 혼탁해진 수정체를 제거하고 인공 수정체를 눈에 넣는 것으로 가장 흔한 안과 수술 중 하나이다. 수술도 비교적 짧은 시간에 끝나기 때문에 전신 마취가 아닌 눈의 기능 일부만 마취한다. 한마디로 환자의 정신은 또렷한 것이다. 차라리 모르는 것이 낫지, 수술실 침대에 누워 눈부신 조명을 받으며 그 예민하다는 눈을 수술 받는다는 것, 이때의 공포감은 정말 환자를 힘들게 하나 보다. 수술실 침대에 누우면 혈압이 너무 올라 수술을 못 받으시는 분들도 계시니까. 그 할머니 역시 그러셨다. 수술실 침대에 눕자마자 오들오들 떠시며 내게 너무 무서우니 손을 잡아 달라고 하시는 것이 아닌가. 수술이 끝날 때까지 근 한 시간 가까이 손을 계속 잡고 있었는데, 할머니께서 어찌나 힘을 주시는지 나중에는 손에 쥐가 났다.

그렇게 수술이 끝나고, 할머니는 병실로 돌아가셨다. 그날 오후, 누가 찾아왔다고 해서 수술실 문 앞으로 가 보니 낯선 할아버지가 나를 기다리고 계셨다. 박카스 한 병을 건네주시며 아침에 수술 받은 할머니가 자신의 아내라며, 할머니가 너무 무서워했는데 간호사가 따뜻하게 대해 주었다고 고마워하시는 게 아닌가. 눈물이 핑 돌았다. 나의 행동이 환자에게 얼마나 큰 위안이 되는지 알게 된 잊지 못할 일이다. 그날 이후 나는 할머니의 손에서 배어 나오던 땀을 기억하며, 환자들에게 최선을 다해 마음의 위안을 주는 것이 간호사의 일임을 되새긴다.

아픈 사람을 '간호' 하는 사람이 아프다면? 물론 안 된다. 모든 간호사들은 건강해야 하지만 수술실 간호사에게 '건강' 은 더욱 중요하다. 만약 수술에 참여하는 간호사가 전염성 질환(하다못해 감기라도)을 가지고 있다면 인체의 방어 기전이 약해진 환자에게 전염시킬 수 있다.

간단한 수술은 몇 십 분 정도면 끝나지만 복잡하고 어려운 수술은 6시간 이상이 걸리기도 한다. 수술이 끝날 때까지 꼬박 서서 일하니 몸은 당연히 고되다. 하지만 간호사가 몸이 아프다고 해서 잠시라도 의자에 앉는다? 절대 불가능하다. 소변이 급해서 화장실에 간다? 이것도 절대 안 된다. 여성들에게 흔히 있는 빈혈이면? 수술실 간호사는 빈혈이면 안 된다. 장시간 서서 수술에 참여하려면 평상시 음식도 잘 먹고 운동도 열심히 하고 철분제도 챙겨 먹고… 한 마디로 제 몸은 스스로 챙겨서 건강해야 한다. 안 그러면 수술 자체를 못하게 되니까.

전문성 겸비가 최고의 자부심

보통 토요일은 수술이 없다. 이날은 주로 수술실 전반을 점검하고 수술 기계를 소독한다. 또 대한간호협회 수술실 분과에서 나오는 각종 교육 자료나 외국 저널을 읽으면서 공부하거나 새로 나온 수술 기계 사용법을 익히기도 한다. 요즘은 의사들과 함께 외과 파트의 국내외 학회에 참여해 새로운 수술법에 대해 공부하기도 한다. 새로운 수술 방법에 대해 공부하면서 전문성을 넓혀 가는 것이 수술실 간호사들에겐 자부심이자 보람이다.

수술실 간호사의 최고 장점이라면 일반인들처럼 출근하고, 일반인들처럼 퇴근한다는 것이다. 병원은 24시간 운영되며, 병동 간호사들은 3교대 근무를 하지만 수술실은 오후 5시면 업무가 끝난다. (밤에 있는 응급 수술은 간호사들끼리 순번을 정해 돌아가면서 맡는다.) 그래서 수술실 간호사들 중에는 대학원을 다니며 공부를 하는 사람이 많다. 또 같은 시간에 다 함께 퇴근하므로 동료 간호사들과 어울릴 기회도 병동 간호사들보다는 많은 편이다. 동료 간호사들과 밥을 먹고 차를 마시며 그날 있었던 수술에 대해 이야기하면서 서로 정보를 교환하고 스트레스도 푸는 것은 수술실 간호사들의 작은 즐거움이다.

동료들과의 모임을 마치고 시간이 늦어져 택시를 타면 병원 앞이어서 그런지 간호사냐고 묻는 택시 기사들이 많다. 그렇다고 대답하면 병원과 관련된 이야기를 나누게 되는데 이때 택시 기사들이 가장 많이 이야기하는 것이 바로 음주 운전 사고 목격담이다. 사방에 피가 튀는 그 장면이 얼마나 끔찍했는지, 자신이 얼마나 놀랐는지 들려주며 어떻게 매일 피를 보고 일하냐며 걱정해 주기도 한다.

음주 운전. 몇 년 전 정형외과에서 밤 당직을 할 때의 일이 기억난다. 온몸에 피가 범벅이 된 환자가 실려 왔다. 아직 정신을 잃지 않았는지 그 환자는 대성통곡을 했다. 너무 아파서 그러는가 했는데 그게 아니었다. 그 환자는 흔히 말하는 '오토바이 폭주족'으로 술 한 잔 마시고 여자친구를 태우고 과속 주행을 하다 사고가 났고, 여자친구는 사고 현장에서 즉사를 했단다. 그 환자 역시 현장에선 의식을 잃었다가 병원에 실려 오면서 그 사실을 알게 됐고, 수술실에 들어가면서 그렇게 울었던 것이다.

그날 이후 나는 술자리가 있을 때마다 "음주 운전은 절대 안 된다."고 말하곤 한다. "한 잔 정도는 괜찮다."는 사람에게 그 이야기를 해 주며 택시를 잡아 집에 보내곤 했다. 가끔 그 사람을 생각하면 사고의 기억으로 평생을 얼마나 아파할까 하는 마음이 들곤 한다.

더 좋은 근무 환경은 더 나은 간호의 지름길

나는 노동조합의 교육부장도 겸하고 있다. 병원은 다른 직장과는 달리 인간의 생명을 다루는 곳이다. 그렇기에 더더욱 쾌적한 환경과 좋은 근무 조건, 환자를 적극적으로 간호할 수 있는 충분한 인력이 필요하다. 이런 조건들을 스스로 만들어 가는 것이 환자들에게 더욱 가까이 다가가 더 좋은 간호를 할 수 있는 지름길이라고 믿는다.

노동조합에서 일하며 가장 보람 있었던 일은 2년여의 교섭 끝에 임신 중인 여성의 야간 근무를 완전히 금지하고 대체 인력을 충원토록 한 것이다. 2년 전까지만 해도 임신 중인 간호사들도 야간 근무를 했다. 임산부 간호사들이 응급 상황에서 받는 정신적, 육체적인 긴장감은 더욱 크고 이는 뱃속 아기의 생명과도 직결되는 문제이다. 교대 근무를 하는 여성들의 유산율이 높다는 연구 결과는 많다. 배가 남산만큼 불러 출산일이 오늘 내일 하는 예비 엄마 간호사들이 둥둥 부은 얼굴로 뒤뚱거리며 환자에게 주사를 놓으러 종종걸음을 하는 걸 밤 순회에서 볼 때마다 정말 애처로웠다. 바빠서 밥도 제대로 못 먹는 10시간 야간 근무는 일반인에게도 어려운 일이니 말이다. 나에게는 각종 논문과 병원의 사례를 연구해 병원 측을 설득하고 최종적으로 임산부의 야간 근로를 전면 금지하기로 노사 합의를 한 날이 최고로 기쁜 날이었다.

또 노조 일을 하다 보면 의료인 중심의 병원에서 소외되기 쉬운 많은 직종의 다양한 사람을 만나게 된다. 우리와 마찬가지로 그들에게도 병원은 소중한 일터이므로 함께 근무 환경을 개선해 나가는 것은 보람 있다. 새벽 5시면 출근을 하는 영양과의 어머니들은 언제나 반찬을 하나라도 더 주려고 한다. 새벽에 순회를 가면 밤 10시 30분에 출근해 일하고 있는 나이트 근무 간호사들은 피곤한 얼굴에도 미소를 띠면서 음료수 하나라도 챙겨 준다.

병원은 모두의 노력이 모여 환자들에게 최상의 진료와 서비스를 해야 하는 곳이다. 24시간 불이 꺼지지 않는 병원에서 환자 중심의 병원을 만들기 위해 간호사로서, 또 조합원으로 노력할 것이다.

02 인공신장실 간호사

가족보다 자주 보고
이웃보다 살가운

| 문성미 |

1975년 서울 출생. 1998년 고려대학교 간호학과를 졸업하고 고려대학교 부속병원에 입사했다. 입사 후부터 지금까지 인공신장실에서 일하고 있다.

삐이~ 삐이~ 삐이.

인공신장실의 하루는 투석 기계 소리와 알람 소리로 시작해서 알람 소리로 끝나는 알람과의 싸움이다. 투석 기계는 환자가 조금만 움직여도 삐이~ 울고, 치료가 끝나도 삐이~ 울고, 고장이 나도 삐이~ 울고…. 요란한 알람 소리에 익숙해지기까지 그리 오래 걸리진 않았다. 처음 배치를 받았을 땐 삐이~ 소리가 나면 이유도 모른 채 뛰어가기 바빴지만, 이젠 '짠밥'이 생겨 삐이~ 소리가 나기 전에 어느 정도 해결할 수 있는 경지까지 이르렀다. 어떨 땐 내가 생각해도 신통할 정도이다.

처음 입사했을 때만 해도 인공신장실에 대해서는 무지했다. 이곳은 대학 4학년 실습 과정 중 잠깐 스치듯 '견학'만 했던 곳이었다. 인공신장실은 일반 병동과는 달리 밤 근무가 없어 몸이 상대적으로 편한 '노른자' 부서로, 경력이 많은 간호사들이 주로 배치되고 신규 간호사 발령은 거의 없다는 얘기를 들은 적이 있어서 유심히 살피지도 않았다. 동기 간호사들 대부분이 가고 싶어 했던 인공신장실에 발령을 받은 건 생각지도 못한 의외의 상황이었다.

갖가지 복잡한 기계와 거슬리는 알람 소리, 쉼 없이 돌아가는 펌프와 몸 밖으로 빠져나와 흐르는 많은 양의 혈액들. 내가 본 인공신장실의 첫 풍경이었다. 빠른 손놀림으로 기계를 조작하고 그 많은 피를 환자의 몸 밖으로 빼내었다 전부 돌려 다시 몸 안으로 집어넣는 신기한 재주를 가진 파란 옷을 입은 선배 간호사의 모습은 기계치인 나에게는 경이 그 자체였다. 발령 부서 없이 여기저기서 일하는 신규 간호사(고려대병원의 경우 신입 간호사를 각 병동에 바로 배치하지 않고 일정 기간 분만으로 결원이 생긴 곳을 대치하거나 혹은 바쁜 부서 지원을 하게 한다. 이를 P.R.N 간호사라고 하는데 P.R.N-Pro re nata는 투약용어로 '필요할 때마다' 라는 의미이다. 그야말로 필요할 때마다 여기저기 불려다니며 일을 하는 시기이다.) 시절, 환자들에게 약을 주고, 주사를 놓고, 시트를 교체하는 일 말고 뭔가 전문적인 일이 없을까 고민하던 내게 인공신장실 간호사의 모습은 뭔가 달라 보였다. 지금 생각하면 웃음이 나지만.

인공신장실은 도대체 무슨 일을 하는 곳일까? 병원에 따라 혈액투석실이라고도 부르는 이곳은 신장이 영구적으로 손상을 입어 제 기능을 할 수 없는 환자에게 인공적인 신장 대체 기계를 사용해 체내 노폐물과 수분을 제거하고 조절하는, 혈액 투석 치료를 하는 곳이다. 한번 망가진 신장은 여간해서는 다시 회복되기가 어렵다. 때문에 신장 환자

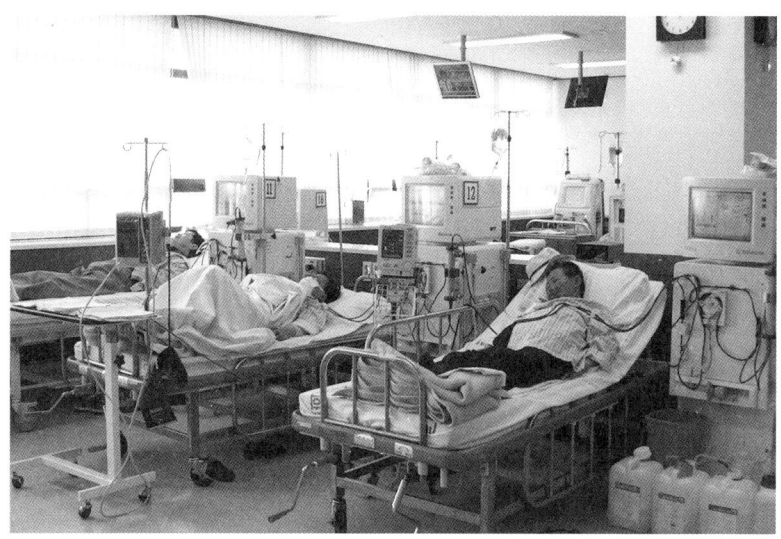
:: 인공신장실 내부. 환자들이 투석 치료를 받고 있다. 투석 치료는 보통 4~5시간 이상이 소요되므로 환자들이 지루해 하기 쉽다.

들은 투석을 시작하게 되고 투석을 시작한 환자의 대부분은 신장 이식을 하지 않는 한 평생 투석 치료를 받아야 한다. 혈액 투석은 보통 일주일에 세 번 정도 하는 경우가 보통이며, 한번 시료를 할 때마다 4~5시간이 걸린다.

환자 입장에선 신장 이식을 받는 것이 가장 좋지만 환자에게 맞는 신장을 찾기도 어려울뿐더러 이식 후 거부 반응이 나타나는 경우도 잦고 비용도 많이 들어 쉽게 결정할 수 있는 문제는 아니다. 요즘엔 신장 매매 브로커를 통한 암거래도 성행한다지만 이는 당연히 불법이다. 가족이 기증하는 경우가 성공 확률이 가장 높지만 '기증'을 두고 일어나는 가속 간의 갈등과 불화도 적지 않다. 흔쾌히 기증 의사를 밝힌 가족이라 하더라도 후에 배우자 핑계를 대며 약속을 번복하기도 하고, 수술 당일 종적을 감추기도 한다. 이처럼 신장 이식은 쉽지 않기 때문에 대부분의 환자들은 혈액 투석을 받기 위해 병원을 찾는다.

혈액 투석은 혈액을 뽑아내는 통로를 통해 빠져나온 혈액을 펌프의 압력으로 혈액 투석 필터를 통과시켜 혈중의 수분과 노폐물을 제거하고 다시 몸에 주입하는 방식으로 이루어진다. 혈관에 바늘을 꽂을 때를 제외하면 그다지 고통스럽진 않지만 긴 투석 시간이 지루해 견디기 힘들어 하는 환자들이 종종 있다. 요즘은 라디오나 TV가 설치되어 지루함을 덜어 주긴 하지만 몇 시간 동안을 꼼짝 않고 침상에만 갇혀 있어야 한다는 것이 쉽진 않은 모양이다. 정해진 치료 시간을 채워야 함에도 지루함을 이유로 치료 중지를 요구하는 환자들이 종종 있고, 자연히 환자와의 실랑이도 일상적인 풍경이다. 의사는 투석을 계속 진행하라고 오더(order)를 내고 환자는 무조건 못하겠다고 버티고…. 물건 값 같으면 에누리라도 해 주겠지만 투석 시간은 맘대로 깎아 줄 수도 없고 깎아서도 안 된다. 환자를 달래고, 또 환자에게 욕을 먹어 가며 치료를 마치도록 할 수밖에 없다. 투석 치료 시간이 부족하면 병원을 나서는 순간부터 다음번 투석까지 환자가 얼마나 힘들지는 불 보듯 뻔하기에.

간호사이자 엔지니어, 게다가 수질관리사?

인공신장실 간호사가 해야 할 가장 중요한 일은 투석 치료를 위한 혈관 통로를 확보하고 치료를 하는 동안 환자에게 발생할 수 있는 부작용을 모니터하며 정확한 투석 치료를 진행하는 것, 환자 검사 결과와 환자 상태, 복용 약물의 적절성을 지속적으로 파악하고 교육하는 것이다. 좀 더 구체적으로 설명해 볼까.

혈관 통로를 확보하기 위해서는 혈관 수술을 하는 방법이 있고 혈관에 도관을 삽입하는 방법이 있다. 도관은 보통 내경정맥(목 옆)이나 쇄골하정맥(쇄골 쪽), 혹은 대퇴정맥(사타구니 부위) 등에 삽입한다. 혈관 수술을 할 경우에는 수술 부위의 혈관을 잘 보호해야 하고, 수술 후 수술 부위가 감염되지 않도록 소독하고 환자에게 혈관 운동 방법을 잘 설명해 주어야 한다. 이때 환자에게 제대로 설명하지 않으면 수술한 팔 부위를 베고 자거나 잘못 다루어 혈관을 망가트리는 일도 흔하다. 간호 업무 중 가장 핵심은 의학 지식이 부족한 환자들에게 더 쉽고 구체적으로 설명하고 이 설명을 반복하고, 재차 확인하는 일인 것 같다. 특히 나이 든 환자들에게는 아무리 반복해도 모자란 것 같으니 말이다. 환자의 혈관이 잘 자라고 있는지 세심하게 관찰하는 것도 필요하다. (투석 치료를 하려면 정맥에 바늘을 꽂아야 한다. 보통 정맥은 가늘고 혈관벽도 약해 굵은 바늘이 들어가면 터지기가 쉽다. 때문에 압력이 센 동맥과 정맥을 연결하는 수술을 통해 동맥의 압력으로 정맥 혈관의 굵기를 확장하는 것이다. 병원에서는 흔히 이를 '혈관을 키운다'고 하는데 그냥 두어서는 쉽게 혈관이 커지지 않으므로 아령 운동 등을 통해 혈관의 굵기를 키우는 것이다.)

업계 용어로 '혈관이 없는'(혈관이 약하거나 반듯하지 않은) 환자나 수술이 어려운 환자들은 도관을 삽입해서 투석을 받게 된다. 환자에게 도관을 삽입할 때는 꼭 수술실과 같은 광경이 연출된다. 수술실처럼 완선 무균 상태에서 시행하는 시술은 아니지만 최대한 환자에게 감염이 없도록 준비하고 보조하는 것이 간호사의 일이다. 수술실과 다른 점이라면 환자나 보호자의 입실이 가능하다는 것인데, 이때에도 시술 중의 출혈이나 이상 반응에 놀라지 않도록 보호자에게 미리 설명하고 가능하면 그동안만이라도 보호자가 출입을 자제하도록 요청해야 한다. 보호자의 과민한 반응에 시술자인 의사가 예기치 않은, 작지만 하지 않을 수 있는 실수를 하는 경우도 있으니까.

가끔 시술 한참 전부터 민망할 정도로 몸이 노출되어 곤란해 하는 환자를 볼 때가 있다. 환자들은 민망해도 불안한 마음에 말도 못하고 참는 것이다. 정말이지 이럴 때 간호사의 배려가 필요하다는 것을 절감한다. 수술실처럼 밀폐된 공간도 아니고 다른 환자의 보호자들까지 수시로 지나다니는 상황에서 가슴 부위나 생식기를 드러내 놓고 시술을 받는 환자 당사자는 얼마나 괴롭겠는가? 비록 다른 시술자가 세심한 배려 없이 몸을 드러내 놓았다 해도 간호사는 환자가 무안하지 않도록 시술에 지장을 주지 않는 한 최대한 가려 주는 것이 상식인데 가끔 그 정도 배려도 하지 않는 간호사를 보기도 한다. 그때마다 나는 속으로 혼잣말을 한다. '당신이 한번 그 자리에 누워 봐. 기분이 어떤지.'

환자에게 평소와는 다른 증상이나 문제가 있는지, 있다면 재빨리 발견해야 하는 것도 중요하다. 빠른 발견, 빠른 조치가 환자를 덜 위험하게 한다는 것은 말할 나위가 없다. 도관을 삽입할 때 마취를 한다고 해도 환자가 통증을 호소하는 경우도 있고, 투석이 시작되면서 환자의 상태가 악화되는 경우도 있다. 대개 투석을 시작하고 30분 내에 문제가 발생하는 경우가 많으므로 특히 이때 환자에게 일어나는 변화를 놓치지 않도록 주의해야 한다.

도관의 소통이 원활해야 효과적인 투석이 이루어진다. 때문에 간호사는 도관의 소독과 관리에 주의를 기울여야 하고 매 투석 시마다 도관의 상태를 관찰해야 한다. 얼마 전 일이다. 돌봐 줄 만한 가족이 없어서인지 위생 상태가 좋지 않은 할머니 환자 한 분이 오셨다. 소독을 하려고 도관을 덮은 거즈를 떼어 내자 벌레가 기어 나오는데~ 악! 다행히 심한 감염 증상은 없었지만 집까지 쫓아가 소독을 해드릴 수도 없고… 이럴 땐 정말 어찌 도와야 할지 막막하기만 하다.

혈액 투석 치료는 장기간(어쩌면 평생을) 받아야 한다. 한 달 치료비만 해도 30~40만 원이 훌쩍 넘고, 환자가 거동이 불편한 경우라면 한창 일하는 낮 시간에 보호자가 함께 와야 한다. 이런 부담 때문인지 혈액 투석 환자들 중에는 가족들의 무관심과 학대로 괴로워하는 경우도 종종 있다. 가족들로서도 여간 힘들지 않으리란 걸 짐작하면서도 몸도 제대로 못 가누는 환자를 다그치고 귀찮다는 듯 험한 말을 아무렇지도 않게 내뱉는 모습을 볼 때는 화가 난다. 간호사에겐 이런 보호자를 설득하는 것이 때론 환자를 간호하는 것보다 더 어려운 경우도 있다. 한마디로 환자보다 더 감당이 안 되는 보호자인 셈이다. 꼭 제 시간에 복용해야 하는 약을 일일이 가르쳐 주며 매번 교육하며 챙기지만, 막상 보호자가 듣는 시늉만 할 뿐 끝까지 무관심으로 일관하면 결국 포기할 수밖에 없다.

신장 기능이 완전히 떨어져 한 방울의 소변도 눌 수 없는 환자들은 섭취한 수분을 배설할 수 없어 대부분 심한 부종을 동반한다. 이런 환자에게 투석 치료를 하면 짧은 시간 내에 최대 3~4킬로그램까지 체내 수분을 뽑아내게 되므로 체중 자체가 급격히 줄 수 있다. 대개는 적정 체중에 맞추기 때문에 특별한 이상이 없지만 여러 부작용을 동반하는 증상이 갑자기 나타날 수도 있다. 이런 위험에도 불구하고 젊은 여자 환자 중에는 투석으로 다이어트 효과를 기대하는 듯 무조건 체중을 많이 낮춰 달라고 요구하거나 본래 체중을 속이기도 해서 난감한 경우가 적지 않다. 환자 스스로도 어떤 문제가 발생할지 알고 있고 있으면서도 이를 수긍하지 않으려 하면 간호사는 어떻게든 환자를 납득시킬 수밖에 없다.

바로 옆에 누운 다른 환자의 숨이 넘어가는 절박한 상황에서도 자신의 사소한 불편이 우선이라며 자신에게 소홀하다고 화를 내는 환자들, 많은 환자를 간호하며 정신없이 일하는 간호사에게 자신의 마음처럼 움직이지 않는다며 짜증을 쏟아내는 의사들…. 간호사는 괜히 동네북이 되기도 하지만 나름대로 병원 생활 속에서 터득한 지혜로 견뎌내고 있다. 쉽지는 않지만 인내를 가지고 문제를 풀어 가면서 간호사로서 한 걸음씩 성숙해 가는 것 같다.

인공신장실 간호사는 여러 병동의 간호사 역할을 수행해야 한다. 중환자실 간호사처럼 인공호흡기를 달고 있는 중증 환자의 간호에도, 응급실 간호사처럼 응급 상황에도 익숙해져 있어야 한다. 투석 과정 전체가 기계로 이루어지므로 기계적인 문제를 미리 발견하는 것은 물론이고, 단순한 기계 고장에 바로 대처할 수 있는 엔지니어 역할도 해야 하고, 투석 기계에 공급되는 물의 오염을 예방하기 위해서 정기적인 수질 검사는 물론 정수기실의 관리까지 도맡아 해야 한다.

인공신장실 업무의 90% 이상은 혈액 투석 치료이지만, 간혹 특수 치료를 해야 하는 경우도 있다. 내가 근무하고 있는 인공신장실에서는 혈장분리술을 직접 시행하고 있다. 혈장분리술은 혈액 중의 혈장을 원심 분리하는 것으로 보통은 혈액은행에서 하는 일이다. 혈장분리술은 환자를 치료하는 면에서 보면 간호사 업무지만 혈액을 원심 분리하는 일은 혈액은행의 업무이므로 그 책임 소재가 애매하다. 그래도 의사가 오더를 내리면 시행해야 하는 것이 안타까운 간호사의 숙명이다. 위 세

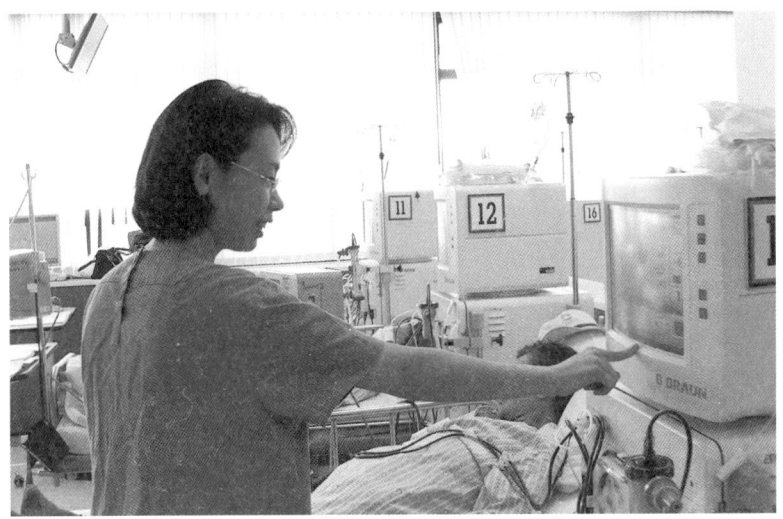

:: 투석 치료를 받고 있는 환자의 상태를 관찰하고 있는 필자. 환자에게 문제가 발생하는 것은 보통 투석 치료를 시작한 후 30분 이내가 많으므로 특히 이때 간호사의 세심한 주의가 필요하다.

척으로도 독성을 제거할 수 없을 정도로 약물 중독인 환자에게는 '혈액 관류' 치료를 한다. 혈액 속에 녹아 있는 약물을 직접 제거하는 이 시술 또한 인공신장실 간호사의 업무이다. 그러므로 기본적인 간호 업무에 능숙한 기계 조작, 특수 치료 방법까지 마스터해야만 비로소 한 사람의 몫을 다한다고 할 수 있다.

인공신장실은 그 어느 병동보다 꾸준한 학습이 필요한 곳이다. 기본적인 투석 지침은 이미 나와 있지만 간호사들이 계속 업데이트되는 최신 의학 정보에 무지해서는 안 된다. 의사라고 해서 모두 정확한 처방을 하는 것이 아니기에 간호사가 알아야 할 사항들이 더 많다. 무엇보다 독자적으로 수행하는 업무에 대한 근거와 확신이 있어야 간호사도 발전할 수 있다.

인공신장실 간호사로 생활한 지도 벌써 6년이 되어 간다. 이 일을 하면 할수록 배워야 할 것이 많다는 생각이 든다. 아직도 부족한 게 너무 많다. 가끔 신참 간호사가 짧은 지식으로 환자들에게 호령하는 것을 볼 때면 정말 쥐구멍에라도 숨고 싶다. 얼마나 민망한지 스스로는 모르는 걸까? 간호사든 의사든 환자에게 군림하려 들어서는 안 된다. 똑같아 보이는 환자복을 입었다고 해서 그 한 사람 한 사람을 함부로 대해서도 안 된다. 전문직으로 대우 받고 싶으면 자신을 낮추고 겸손하고 예의 바르게 환자를 대해야 할 것이다. 의사 앞에서만 깍듯하지 말고.

환자가 아닌 인생의 선배

투석 환자들은 대부분 장기 환자들이라 자신의 병에 대해 상당한 지식을 갖춘 경우가 많다. 또 그만큼 의료진에 대한 불신 또한 큰 편이다. 이 때문에 신규 간호사들이 애를 먹기도 한다. 어설퍼 보이는 신규 간호사가 자신을 담당할라치면 드러내 놓고 거부감을 표시하는 경우도 종종 있으니 간호사의 입장에서는 처음 몇 달 간은 보통 어려운 것이 아니다. 때로는 자신의 잘못이 아님에도 불구하고 문제가 발생한 순간 곁에 있었다는 이유로 곤욕을 치르는 것도 역시 신규 간호사들이다. 단 한 번만 투석을 걸러도 위험할 수 있는 환자 입장에선 자신이 신뢰할 수 없는 간호사의 처치를 받다가 잘못될까 봐 두려워하는 것이니 이해도 되지만 그래도 참 어렵다.

어느 병동이나 신규 간호사가 일에 적응하기까지 일정한 시간이 필요하겠지만 인공신장실만큼 일에 적응하는 것뿐 아니라 환자와의 거리를 좁히기가 힘든 곳도 없지 않나 싶다. 나 역시 신규 간호사일 때 어느 고약한 할아버지 환자의 혈관을 터트려 얼마나 맘고생을 했는지…. 다른 환자들 앞에서 입에 담기 민망한 욕설을 퍼붓고 몇 달을 손도 못 대게 해서 한동안 속상했던 기억이 난다. 물론 그 다음 신규 간호사가 들어오자 언제 그랬냐는 듯 그 간호사에게 화살을 돌렸지만.

인공신장실에서는 짧은 시간에 환자와 좋은 관계를 맺는 것은 어렵다. 그러나 힘든 만큼 일단 신뢰 관계가 성립되면 환자를 파악하고 관리하고 간호하기가 훨씬 수월해진다. 도리어 간호사가 환자에게 배려를 받는 경우도 종종 있다. 내 나이의 배 이상을 살아온 노인 환자들께 배우는 것도 많다. 어떨 땐 함께 일하는 동료 간호사들보다 환자들이 더 힘이 되기도 하니 이런 만남을 경험할 수 있다는 것만으로도 이 일은 해 볼 만하다.

인공신장실 간호사로서 가장 큰 보람을 꼽으라면 나는 주저하지 않고 '어느 병동, 어느 부서보다도 밀접한 환자와의 관계'라고 말하고 싶다. 인공신장실 간호사들과 환자들은 어쩌면 이웃보다도 가깝고 떨어져 사는 가족들보다도 더 자주 보게 된다. 그렇게 함께 지내온 환자 중에는 벌써 10년이 넘게 병원을 드나드는 장기 환자들도 있어 세세한 가정사까지 서로 알고 지낸다. 이리저리 흩어졌던 가족들이 함께 모이는 설이나 추석 같은 명절이면, 비슷비슷한 생김새의 대가족이 단체 문병을 오기도 하는데 그들이 들어서는 순간 어느 환자의 가족들인지 묻지 않아도 훤할 정도이다.

앞서 말했지만 인공신장실 환자 중에는 사회로부터, 가정으로부터 소외되는 경우도 종종 있다. 아마 평생 짊어지고 가야 힐 불치병을 앓고 있기 때문이리라. 그래서인지 그분들은 병원에 와서 투석 치료만 받는 것이 아니라 누군가와 이야기하는 것으로 외로움과 스트레스를 달

래기도 하는 것 같다. 오늘 내가 담당이라고 하면 그날은 기분이 좋다는 할아버지 환자, 내가 바늘을 꽂아 주면 아프지 않다는 환자를 만날 때마다 마음이 따뜻해진다. 몸이 불편한 환자를 부축하고 때론 대소변을 받아내고, 간호사로서 해야 할 일을 했을 뿐인데 환자와 보호자들이 눈물나게 고마워할 때는 부끄럽기도 하고 흐뭇하기도 하다. 불치병을 앓으면서 심신이 지친 환자들에게 거창하지는 않아도 작은 위로를 줄 수 있다는 것이 바로 인공신장실 간호사로서 가장 뿌듯한 순간이다.

인공신장실은 학교에서 배운 '전인 간호'를 할 수 있는 곳이다. 환자가 자주 바뀌면 여건상 '수박 겉핥기' 식의 기능적인 간호만 제공하게 되지만, 한 환자가 5년씩 10년씩 계속 내원한다면 상황은 달라진다. 환자를 지속적으로 파악하고 효율적으로 간호하기에 인공신장실만한 곳도 없는 것 같다.

보통 환자들이 의료진에게 갖는 불만 중의 하나는 이 사람 저 사람이 계속 똑같은 걸 물어 온다는 것이다. 차트에 환자 정보가 있다고 해도 자주 본 환자가 아니라면 항상 확인을 해야 하기 때문에 어쩔 수 없는 측면이 있지만 매번 답해야 하는 환자의 입장에서는 얼마나 귀찮겠나. 하지만 적어도 인공신장실의 의료진들은 환자들에게 같은 걸 묻는 일은 없다. 너무나 잘 알고 있는 '이웃'처럼 친근한 환자이므로.

언젠가 정말 웃지 못할 사건이 있었다. 아이처럼 해맑게 웃으시는, 아담하고 귀여운 할아버지 환자분께서 오셨다. 할아버지는 격리실 한쪽에서 투석 라인을 연결한 채 침대에 앉아서 뭔가를 열심히 짜고 있는 것이었다. 내가 "뭘 하시냐."고 여쭈었더니 그 할아버지, 씨익 웃으시며 "간호사들은 바쁜 것 같고 소변은 급한데 줄 때문에 나갈 수가 없으니 소변을 조금씩 수건에 받아 짜내고 있다."는 것이 아닌가. 침상

옆에 놓여 있는 소변기로 얼마든지 소변을 볼 수 있음에도 불구하고 그 할아버지는 오래 함께 한 간호사들을 배려하느라 나름대로 고안한 방법으로 시급한 문제를 해결하고 계셨던 거다.

할아버지의 '마음'은 정말 눈물나게 고맙지만 그래서는 안 된다. 배려를 받아야 하는 건 간호사들이 아니다.

어떤 환자는 간호사가 애써 질문하지 않으면 불편해도 참고 넘기거나 얘기를 하지 않아 병을 키우는 경우가 있다. 때문에 인공신장실 간호사들은 별 불편이 없어 보이는 환자라도 지속적으로 관심을 갖고 이야기를 나누어야 한다. 그래야 한다고 생각한다. 사소하고도 일상적인 대화의 끝자락에서 문제의 실마리를 찾을 수도 있기 때문이다.

사족처럼 한 마디 덧붙이자면 병원은 일반 직장과는 다르다. 근무 자체도 빡빡하지만 근무 체계도 교대 근무라 누가 대신해 줄 사람이 없어 아무리 몸이 아파도 조퇴나 결근을 하기 힘들다. 언젠가 감기 몸살로 열이 심하게 나고 엄청 앓은 적이 있었다. 환자들을 간호하기는커녕 내 몸 하나 제대로 가눌 수 없는데도 근무를 했다. 간호사라는 직업이 정말 쉽지 않다고 생각했다. 교통사고를 당한 한 동료는 병원에서 응급 처치만 받은 채 목에 보호대를 하고 출근하기도 했다. 이를 본 환자 중에는 자신보다 증상이 더 심각한 환자의 간호를 어떻게 받느냐며 어이없어 하는 사람도 있었다. 간호사이기에 아파도 아픈 티를 낼 수 없고 나도 환자지만 진통제 먹어 가며 간호사로서 다른 환자를 돌봐야 한다. 간호사이기 때문에 기꺼이 감내해야 하는 일이다.

혹 이 글을 읽고 나도 간호사가 되고 싶다고, 특히 인공신장실 간호사가 되고 싶다고 생각하는 후배들이 있다면 내가 하고 싶은 말은 딱 하나다.

"힘들다. 힘든 만큼 보람도 있고, 보람을 찾으면 즐거움도 있다. 처음 인공신장실에 들어설 때의 그 마음가짐, 그 자세를 잃지 않는다면 정말 괜찮은 간호사가 될 것이다."

03   응급실 간호사

생로병사의 정점,
그 한가운데를 달리며

| 김지연 |

1974년 서울 출생. 1998년 서울대학교 간호학과를 졸업하고 1999년부터 2001년까지 서울국립대학 병원(서울대병원) 응급실 간호사로 일했다. 이후 의료 관련 회사에서 웹 기획자로 2003년까지 근무했다. 미국 간호사 자격 시험과 유학을 함께 준비하던 중 2004년 3월 30일 미국 간호사 자격(Nclex-RN) 시험에 합격해 자격증을 취득했다.

졸업과 동시에 서울대병원에 입사 원서를 냈을 때는 공교롭게도 IMF 구제금융 시기와 맞물렸다. 덕분에 기한 없는 대기 발령의 백수 상태로 여기저기를 기웃거리며 8개월의 시간을 보낸 후에야 비로소 그리도 목메던 병동 배치서를 받을 수 있었다. 이제야 백수 생활을 청산했다는 기쁨도 잠시, 병동 배치서를 찬찬히 바라보던 나는 전혀 기대하지 않았던, 생각도 못했던 한 단어를 발견하고야 말았다. 응·급·의·학·과!!

응급의학과? 그렇다면 응급실?!!

학창 시절 2년 동안 병동 실습을 했지만 응급실은 견학조차 한 석이 없었기에 응급실에 대한 나의 인상은 일반인이 갖고 있을 그것과 크게 다르지 않았다. 여러 가지 생각이 머리를 스쳤지만 그 모든 이미

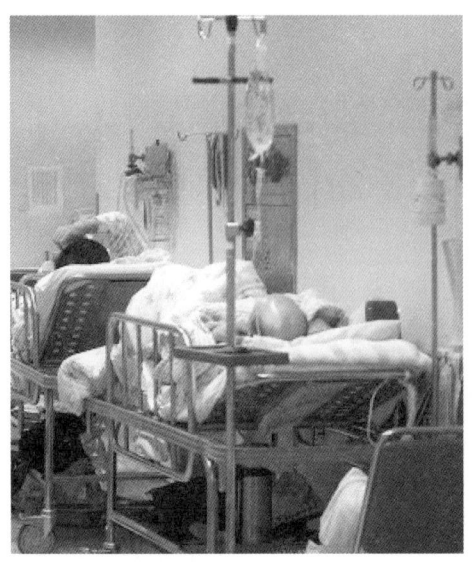

:: 응급실엔 항상 환자들이 차고 넘친다. 공간이 부족해 복도에까지 침상을 둔 병원의 응급실 풍경.

지의 공통 정서는 바로 '두려움'이었다. 그렇다! 솔직히 나는 무서웠다!

다음날, 서울대병원 응급실 지도 간호사 선배와 함께 처음으로 내가 일할 응급실을 방문했다. 빼곡하게 들어찬 침대도 모자라 바닥에 돗자리를 깔고 누워 있는 환자를 보면서, 누가 말하는지도 알 수 없는 급한 외침들을 들으면서, 달리다 못해 날아다니는 파란 옷의 의료진들을 보면서 막연한 '두려움'은 현실이 되었고 급기야 앞머리에 통증까지 생겼다. 저 아비규환 속에 발을 담그기만 하면 회오리 같은 거센 물결에 그냥 휩쓸릴 것 같았다. 하지만 어쩌랴. 대기 발령 8개월이라는 기나긴 백수 생활을 견뎌온 내게 응급실 발령을 거부할 만한 배짱은 이미 남아 있지 않았다.

응급실에 배치된 간호사가 '신규 티를 좀 벗었다' 싶게 보이려면 아무리 짧아도 6개월 정도는 필요하다. 어느 병동이나 마찬가지겠지만 응급실에서 신규(신규 간호사의 준말)는 '무서운 흉기' 다루듯 한다. 즉 신규 간호사는 언제 어떤 사고(?)를 칠지 모르기 때문에 올드(old) 간호사는 항시 눈을 위로 치켜뜨고 신규의 일거수일투족을 꿰고 있어야 한다는 말이다. 물론 '쌩'[生] 신규는 정식 근무 전 오리엔테이션이라는 고마운 시간을 갖게 된다. 약 한 달 정도의 이 기간 동안 자신을 가르쳐 주는 프리셉터 간호사의 모든 간호를 외우다시피 눈에 익혀야 한다.

　서울대병원 응급실은 환자들을 중증도에 따라 세 부분으로 나눠 담당 간호사를 정한다. 보통 신규 간호사는 증상이 가벼운 환자가 속한 관찰 팀을 담당하게 되며, 신규 간호사 1명이 맡는 환자는 적게는 15명 많게는 22~23명 정도이다. 치료와 간호가 많고 주의 깊게 봐야 할 환자들은 준중환 팀에 분류된다. 준중환 팀에는 어느 정도 일에 익숙해진, 신규 티는 벗은 간호사들이 배치된다. 중환자실 간호에 준해서 돌봐야 할 환자들은 중환 팀에 배정된다. 보통 중환 팀에 속하는 환자는 3~4명 정도인데, 언제 초응급 상태로 빠져 버릴지 알 수 없으므로 응급실 업무에 능숙한, 적어도 응급실 근무 경력 1~2년 이상의 간호사들이 담당하게 된다. 기본적인 배치는 이렇게 이루어지지만 그날의 상황에 따라 간호사의 팀 배정은 얼마든지 변할 수 있다. 즉 신규 간호사도 준중환 팀을, 올드 간호사가 관찰 팀을 맡을 수도 있다.

　예전에는 간호사의 숙련도와는 상관없이 응급실에 내원하는 환자 순서대로 담당 간호사를 정했다고 한다. 그러니 신규 간호사에게 '중환'(중증의 응급 환자를 일컫는 말)이라도 떨어지면 그야말로 그것은 살 떨리는 '대박'인 것이다. 참고로, 응급실에서는 흔히 '대박 환자'라는 표현을 쓰곤 하는데 여기서 '대박'은 복권 당첨, 횡재와 같은 좋은 의미가 아니라 중한 환자여서 목숨이 경각에 있고, 따라서 할 일도 많은 환자를 가리킨다. 하지만 지금은 간호사 숙련도에 따라 환자를 배치하니, 신규 간호사에게 이 얼마나 다행한 일인지. 물론 환자에게도.

신규 간호사들이 가장 증상이 가벼운 환자들을 담당한다고 해도 문제는 여전히 남아 있다. 환자의 증세는 늘 그 자리에 착하게 머물러 있지 않기 때문이다. 처음엔 감기 같다며 응급실을 찾아와 의료진들의 따가운 시선을 한 몸에 받았던 아저씨가 밤새 열이 40도를 육박하며 의식이 왔다 갔다 하더니 급기야 패혈증에 빠져 버린다. 자신이 담당했던 스물댓 명 중 한 명이었던 그 환자, 바로 그 사람의 상태가 나빠지면서 신규 간호사는 그야말로 의자에 앉을 새도 없이 내달리며 밤을 하얗게 보낸다. 그런 날은 오버 타임(시간 외 근무) 한두 시간은 물론 요구사항이 해결되지 않은 다른 환자들까지 여기저기 쏟아져 나오기 마련이라 업무 인수인계를 할 때 인계 받을 동료 간호사의 '한 눈치'도 견뎌야 한다.

위에서 얘기한 그 상황이 내가 응급실에서 정식으로 근무한 지 일주일 만에 생긴 일이었다. 다른 간호사는 아침 8시 전에 마치는 나이트 근무를 나는 충혈된 눈으로 오전 10시가 넘어서야 마쳤다. 그리고 집으로 돌아와 엄마가 차려 준 아침 밥상을 앞에 두고 눈물을 쏟았다.

모진 응급실에서 버틸 수 있는 이유

서울대병원 응급실 인턴은 24시간을 내리 근무하고 24시간을 쉬는 초인적인 근무 형태로 인해 무엇보다 자신의 생리적인 욕구와 무던히도 싸워야 한다. 간호사의 경우 8시간 근무 형태가 기본이다. 24시간에 비하면 편안한 것 같지만 업무 강도에 있어 초인적이기는 마찬가지이다. 그래서 간호사들 사이에선 '응급실 3대 얄미운 환자'라는 우스갯소리까지 자조적으로 돌고 있다. '입맛이 없어 밥을 못 먹겠다'고 호소하는 환자, '소변이 안 나온다'고 투정 부리는 환자, '잠이 안 온다'고 칭얼대는 환자가 바로 그들이다. 업무에 쫓겨 밥 먹을 시간은커녕 심지어는 화장실 갈 시간도 없을뿐더러 다른 병동 같으면 아주 잠시지만 눈 붙일 시간이 있는 나이트 근무 때조차도 눈 한번 제대로 깜박일 시간이 없는 응급실 간호사의 처지를 빗대어 극단적으로 표현한 농담인 셈이다.

응급실 사정이야 다른 병원도 마찬가지겠지만 서울대병원은 유독 사람들이 차고 넘친다. 지역의 여기저기에서 이미 중병 진단을 받은 환자들이 논과 밭을 팔아 보따리를 싸들고 빠른 입원의 절차로 응급실을 방문하는 경우가 많기 때문이다. 그들에게는 여기가 마지막 희망일 수도 있다.

응급실 복도가 아닌, 퇴근해서 길을 갈 때도 걷는 것보다 뛰는 게 더 익숙해진 어느 날로 기억된다. 출근하기 위해 병원 로비를 가로지르는데 40대로 보이는 환자가 아주 무심한 얼굴로 나를 지나쳤다.

'어디서 많이 보던 얼굴인데… 앗! 그 환자다!'

일주일 전인가, 심근경색증으로 의식을 잃은 채 앰뷸런스에 실려 온 사람이었다. 당시 환자 상태는 1초를 다투는 응급 상황이었고 생사조차 장담할 수 없는 형편이었다. "CPR(심폐소생술)이요~."라는 외침에 나는 여느 때와 같이 심폐소생술 방으로 달려가 CPR을 도왔고, 이후 이것저것 치료를 하면서 본 그 환자의 얼굴을 기억하고 있었나 보다. 비록 그 환자가 내게 달려와 "살려줘서 고맙다."는 말을 하지도 않았고 오히려 무심한 표정으로 나를 알아보지도 못한 채 그냥 지나쳤지만 이제는 평온한 얼굴로 로비를 거닐고 있는 모습을 보니 그 사람도 모르는 비밀이나 알고 있는 것 같아 키득키득 웃음이 나왔다. 그러다 문득 짠한 감동이 가슴 저 깊은 곳에서 꿈틀대기 시작했다. '아, 내가 하는 일이 이런 일이었구나.' 그 순간 나는 응급실에서 일한다는 것이 어떤 것인지 비로소 감이 잡혔다.

응급실 간호사라면 저마다 하나씩은 자신을 이 모진 응급실에서 버티게 하는, 아니 이 응급실을 벗어나지 못하게 하는 설명하기 힘든 나름의 이유들을 가지고 있다고 나는 생각한다.

환자의 병동 인계를 위해 병동 간호사와 전화 통화를 할 때가 있는데, 가끔 수화기 저편에서 잔잔하게 깔리는 음악 소리를 듣곤 했다. 물론 길지는 않겠지만 병동 간호사는 잠시라도 음악을 누릴 수 있는 것이다. 때로는 그들의 여유가 부럽기도 했지만 수화기 너머 병동 간호사의 모습이 떠오르면 생각은 이내 바뀌었다. 회색빛 병동 복도는 고요하기만 하고, 환자들은 각자 방 안에 숨어 있고, 의료진은 스테이션이나 투약실 등에서 무엇에 열중하고 있는, 그런 정적인 풍경이 그려졌기 때문이다. 그 풍경을 떠올린 순간 '답답하겠다'라는 생각이 먼저 들었다.

'이런! 벌써 응급실 사람이 다 되었나 보다…'

뭐니 뭐니 해도 응급실의 가장 큰 매력은 생동감이다. 내가 앞에서 그렇게 불만을 토로했던 '1초를 다투는 바쁨'은 달리 보면 인간의 생로병사 정점의 생동감이 만들어 내는 것이었다. 어떤 환자는 죽기 직전에 실려와 생명을 찾아 가고, 어떤 환자는 불구가 될 수도 있는 순간에 찾아와 건강한 몸을 되찾기도 한다. 물론 반대의 경우, 하루에도 두세 명씩 죽어 가는 환자를 눈으로 직접 보곤 한다. 죽음 또한 우리 곁에 늘 가까이 있다.

그래서 응급실 간호사는 환자에게 해 줄 것이 더 많다고 생각한다. 죽고 사는 것이 경각에 달린 그 순간 적절한 치료와 간호가 가장 우선이겠지. 하지만 자신의 삶이, 자신의 몸이 한 치 앞을 장담할 수 없는 순간에 놓여 있을 때, 무기력함을 느낄 그 환자를 위해 마음 따뜻한 위로를 포함한 정신 간호도 무엇보다 중요하다. 일에 치이다 보면 흔히 후자의 중요성을 잊어 환자에게 정말 '응급실에 대한 안 좋은 추억'만을 남길 수도 있다.

응급실 간호사는 체질에 맞아야 한다?

응급실 체질이 따로 있을까마는 분명 몇 가지는 가지고 있어야 한다.

'응급실? 설마 까무러치기야 하겠어?' 라는 무사태평한 생각으로 응급실 간호사가 된 내게도 가만히 찾아보면 응급실에 걸맞은 심성이 있었다는 생각이 든다. 가장 중요한 것은 역동적인 환경을 좋아한다는 점이다. 바꿔 말하면 정적이며 수동적인 환경은 왠지 따분하고 지루해서 싫은 사람들에게 적합하다. 응급실이 다른 병동보다는 바쁜 것은 틀림없는 사실이지만, 죽음이 가까이에 있는 사람이 보이는 삶에 대한 애착, 역설적이시만 죽음을 목전에 두고 뿜어 내는 생동감을 즐길 줄 알아야 한다.

그리고 담대해야 한다. 환자가 내 눈 앞에서 피를 토해도, 방금 숨이 멎더라도…. 설령 속으로는 벌벌 떨고 있어도 표정만은 어떠한 상황에도 잘 대처할 수 있다는 자신감을 보여야 한다. 그것이 중요하다. 위급한 순간 간호사마저 허둥지둥하면 환자와 보호자는 더욱더 두려워질 수밖에 없을 테니까.

간호사도 월급 받고 일하는 직장인이다. 하지만 간호사는 일반 직장인과는 조금은 달라야 한다. '간호'라는 일 자체가 봉사의 성격이 강하기 때문이다. 그래서 인간에 대한 깊은 이해와 애정 또한 필수조건이라고 생각한다. 뭐 그렇다고 대단한 성인군자가 되어야 한다는 건 아니고 자주 환자의 입장이 되어야 한다는 말이다.

한번 예를 들어보자. 위 내시경 검사를 위해 오전 금식 중인 환자가 있다고 치자. 쉴 새 없이 일에 일을 거듭하며 쫓아다니다 보니 시간은 어느새 정오를 넘어서고 있다. 그렇다면 어젯밤부터 물조차 먹지 못한 그 환자에 대해 한 번쯤은 생각해야 한다. 물론 검사실에서 연락이 오면 그때 검사실로 보내면 되겠지만, 한 번은 전화를 걸어 검사 진행에 대해서 물어보고, 두 끼를 걸러야 할지도 모를 환자를 위해 빠른 검사를 정중히 부탁해야 한다. 정신없이 밀려드는 일을 처리하느라, 밀린 검사 일정을 진행하느라 바쁘다 보면 환자 한 명의 검사가 한두 시간쯤 뒤로 미뤄지는 것은 아무것도 아닐 수도 있다. 하지만 환자에게는 그야말로 입이 바짝바짝 말라 가는 시간일지도 모르기 때문이다. 아무리 가벼운 증상의 환자라 할지라도 환자의 고통을 그냥 흘려 버리면 안 되는 것이다.

내게는 아직도 애증의 대상인 응급실을 벗어나면서 가장 아쉬웠던 점이라면 자주 내 자신이 내가 하는 일로부터 소외되었다는 사실이다. 바쁘게 돌아가는 업무에 치여 자신이 하는 투약과 치료와 간호를 왜

하는지도 모르면서 그저 시간 안에 일을 끝마치기 위해 뛰어다녔던 것, 나는 그것이 내 일로부터 나 스스로를 소외시킨 못난 짓이라 생각한다. 자신이 잘 모르는 치료와 투약이 처방되었다면 지금 당장 알 수는 없다 해도 반드시 조만간 따로 공부를 하거나, 동료에게 묻더라도 해결해야 한다. 그래야 환자가 어떠한 질문을 하더라도 짜증 내지 않고 꼭 필요한 설명을 해 줄 수 있고, 내가 하는 일에 대해 확신을 가질 수 있으며, 나 자신에 대한 신뢰도 생겨나는 것이다.

간호사는 끊임없이 물어야 한다. 두꺼운 의학 서적에, 동료 간호사에게, 올드 간호사에게, 의사에게, 창피라는 것을 모른 채 묻고 또 물어야 한다. 간호사는 환자를 위해 스스로 끊임없이 성장해야 하기 때문이다.

04 병동 간호사

격무와 편견을 이기고 '환자'만 보일 때까지

| 신민정 |

1977년 서울 출생. 삼육대학교 간호학과를 졸업하고 2000년 5월부터 지금까지 경희의료원 안과&재활의학과 병동에서 근무하고 있다. 다음 카페 'RN' 운영자로 열심히 활동 중이다.

사람의 신체 기관이 다양한 만큼 사람의 병을 치료하는 병원에도 다양한 진료 과목이 있다. 병원에는 내과, 외과, 산부인과 등 20여 개의 진료 과목이 있으며 내과만 해도 호흡기내과, 혈액종양내과, 내분비내과 등 종류가 다양하다. 그 중 내가 근무하고 있는 곳은 안과와 재활의학과로, 더 정확히 말하면 안과&재활의학과 병동이다. 병동은 각종 검사나 수술이 필요해 통원 치료가 불가능한 환자들이 입원해 있는 곳이다. 안과와 재활의학과는 별도의 독립된 진료과지만 경희의료원에서는 두 과가 한 층에 위치해 있어 안과&재활의학과 병동으로 운영하고 있다.

안과&재활의학과는 내과나 중환자실, 신경외과 등 소위 메이저에 속하는 곳은 아니어서 그곳과 비교하면 근무하기에 힘든 곳은 아니다.

그러나 안과라고 해서 눈이 아픈 이들만 치료 받고 있는 것은 아니다. 안과 병동에 입원한 환자들은 대부분 당뇨로 인한 합병증으로 시력이 저하되어 장기간 병원에 입원해 있는 사람들이 주를 이룬다. 때문에 내과적인 치료와 간호도 필요하다. 또 재활의학과는 뇌졸중 환자 중 수술을 받을 정도는 아니지만 물리 치료가 필요한 사지마비 환자나 수술 후 안정기에 접어들어 꾸준한 관리가 필요한 이들이 많다. 이들 역시 내과 질환을 함께 가지고 있는 경우가 대부분이어서 안과&재활의학과 치료에 국한되지 않고 거의 모든 과에 대한 치료를 받고 있다. 따라서 간호사의 업무도 전 과에 걸쳐 이루어진다.

병동 간호사의 일과

정해진 시간에 맞춰 환자에게 필요한 간호를 하는 것이 병동 근무이므로 반복되는 업무를 수행하게 된다. 아침 근무 시에는 7시 전에 출근해 물품 및 아침 약을 체크한 후 인수인계를 받는다. 물품을 체크할 땐 필요한 알코올 솜, 소독기, 거즈 등의 개수까지 꼼꼼하게 챙겨야 하며, 아침 약을 점검할 땐 혹 잘못된 처방이 있는지도 확인해야 한다. 이 때문에 간호사는 항상 약의 종류와 효능을 정확히 알고 있어야 한다.

본격적인 업무는 7시 30분부터 시작된다. 병실에 들러 아침 약을 돌리며 바이탈 체크를 하고 10시에는 혈당 체크, 11시에는 안과 병동의 환자들에게 안약을 투여한다. 안약 투여는 비교적 간단한 일이지만 안과 치료를 받는 환자들 대부분은 앞을 보지 못하기 때문에 환자에게 맡기지 않고 간호사가 직접 한다. 안약 투여가 끝나면 당뇨 환자들에게 인슐린을 투여한다. 이 일을 마치면 점심 시간. 환자 점심을 점검하고 간호사들이 교대로 점심을 먹고 나면 1시부터 다시 오후 근무가 시작된다. 병실을 돌며 점심 약을 주고 환자가 먹은 양과 용변 배출량을 체크하는 IO(IN OUT) 체크를 한다. 오후 2시가 되면 다시 안약을 투여한 후 후임 간호사에게 업무 인수인계를 하면 그날 근무는 끝난다.

위에서 나열한 기본적인 업무만 하기에도 시간이 빠듯하긴 하지만 이런 기본적인 업무뿐이라면 간호사 일이 육체적으로 힘든 노동이라는 말은 나오지 않았을 것이다. 이 외에도 하루에 여러 차례의 수술과 검사 스케줄이 잡혀 있다. 오전 7시 30분부터 오후 3시까지 수술 시간에 맞춰 필요한 준비를 하고, 수술 후 환자에게 주의 사항을 전하는 것도 간호사의 일이고 정해진 시간에 맞춰 검사를 받게 하는 것도 간호사가 해야 할 일이다.

안과&재활의학과 입원 환자는 평균 28명. 나를 비롯한 간호사 10명과 수간호사, 간호조무사 1명 등 총 12명의 인원이 3교대로 근무하다 보면 근무 시간 중 평균 2명의 간호사가 28명의 환자를 돌보게 된다. 간호사 1명이 담당해야 하는 환자가 14명이라고 생각하기 쉽지만 실제 일을 하다 보면 간호사 1명이 28명의 환자를 돌보는 것과 마찬가지이다. 기본적인 업무를 하며 수술실과 검사실로 드나드는 환자를 정확히 체크하기 위해서는 잠시도 앉아 있을 겨를 없이 이리저리 뛰어다녀야 이 모든 일이 가능하다.

갑자기 환자 상태가 나빠져 비상이 걸리는 경우도 종종 있다. 이럴 때 병동 전체가 들썩일 정도로 바쁘게 움직여야 한다. 다행히 전문의가 자리에 있는 시간에 일이 벌어지면 상황은 비교적 간단히 해결되지만 밤늦은 시간에 환자 상태가 나빠지면 당직의와 간호사가 최대한 조치를 취해야 한다. 우리들끼리는 이러한 상황을 '떡을 친다'고 표현한다. 정신없이 뛰어다녀야 하는 간호사의 신세를 표현한 은어이다.

뭘 알아야 친절할 수 있다

병동에서 근무하는 간호사는 환자와 가장 가까이 있는 의료진이다. 때문에 환자 상태를 정확히 체크하는 것이 병동 근무 간호사의 가장 중요한 업무이다. 바이탈 체크, 혈당 체크, IO 체크를 할 때에는 기계적으로만 접근할 것이 아니라 환자에게 그날의 상태를 묻고, 이상이 있을 때마다 의사에게 정확하게 전달해 처방을 달리할 수 있도록 해야 한다. 풍부한 의학 지식 없이는 환자 상태를 정확하게 체크하는 것은 불가능하다. 간호사가 얼마나 많이 알고 있는지가 중요한 이유도 바로 이 때문이다. 의사는 주로 외래 환자를 담당하므로 정기적인 회진 이외에 병동의 환자를 보는 일은 거의 없다. 따라서 위급한 상황이 있을 때엔 정확하게 환자의 상태를 파악해 의사에게 전달하는 일도 중요하지만 간호사가 알아서 처리하는 것도 중요하다. 이상한 점이 있을 때는 스스로 판단해 피 검사, 소변 검사 등 필요한 검사를 받게 하고, 그 결과를 의사에게 전해 처방을 달리할 수도 있는 것이다. 이것이 병동 근무 간호사의 능력이다.

간호사가 제대로 하지 않으면 환자는 아픈 몸을 이끌고 불필요한 검사를 받으며 고생을 할 수도 있고, 필요한 수술을 제때 받지 못하는 경우도 생긴다. 모두 환자의 생명과 직결되는 것이므로 간호 지식은 간

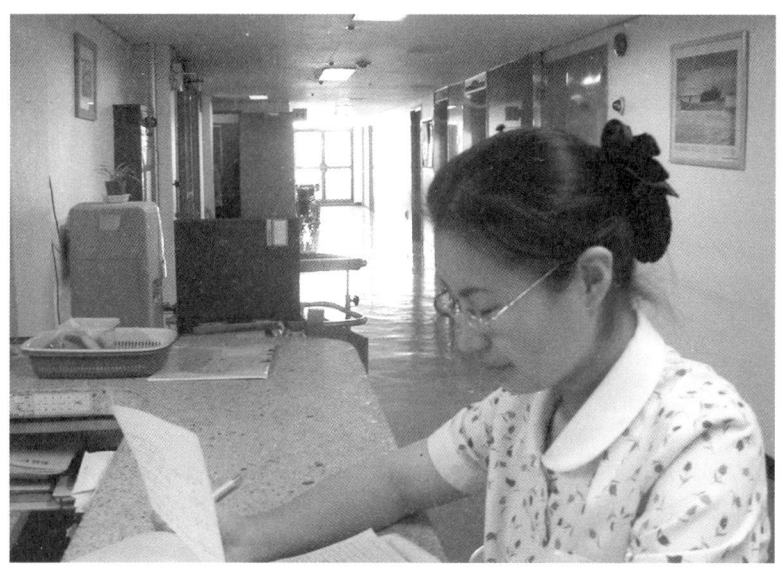
:: 환자 진료 기록을 정리하고 있는 신민정 간호사.

호사의 기본 요건이라 할 수 있다. 환자에게 살갑게 대하고 친절하게 응대하는 것도 물론 중요하다. 하지만 기본적인 능력이 있어야 친절도 베풀 수 있다.

병동 간호사가 진정으로 환자에게 친절한 간호를 하려면 끊임없이 공부해야 한다. 신규 시절 크고 작은 실수를 하면서, 간호사는 끊임없이 공부하지 않으면 안 된다는 것을 깨달았다. 보통 간호사 경력 1년차를 막 넘겼을 때 실수를 가장 많이 한다. 신규 시절의 이런저런 실수는 선배들의 계속된 지적으로 보완이 되지만, 경력 1년이 막 지나면 배짱이 생겨 어처구니없는 실수를 하는 경우가 많은 것이다. 이런 과정을 거치며 스스로 얼마나 부족한지 알게 되고 그때부터 공부의 필요성도 느끼면서 자신만의 노하우도 쌓아 비로소 간호사로 인정받게 된다.

1년차 무렵엔 나 역시 스스로 생각해도 황당한 실수를 한 적이 있다. 생명에 영향을 미칠 정도는 아니었지만 정말 아찔한 순간이었다. 당시 내가 일하는 병동에 신경외과 수술이 필요한 환자가 입원을 했다. 수술 스케줄이 잡힌 날 나는 환자의 수술 준비를 담당하게 되어 처방대로 링거를 투여했는데 나중에 알고 보니 그것은 수술 전에 필요한 링거가 아니라 수술 과정에 필요한 항생제가 섞인 링거였다. 긴 수술에 필요한 링거를 단시간 내에 투여한 셈이었다. 나만 말하지 않으면 아무도 모르게 넘어갈 수도 있었지만 사실을 안 이상 그냥 덮어둘 수 없어 선배 간호사에게 솔직히 고백했다. 얼마 지나지 않아 환자의 수술이 취소되었다는 소식을 전해 들었다. 나 때문에 수술이 취소되었다는 사실에 너무도 부끄러워 얼굴을 들 수가 없었다. 다행히 링거 때문이 아니라 수술 스케줄이 밀려서 다음날로 연기되었다는 걸 알고서야 그나마 부담을 덜 수 있었다. 만약 수술 스케줄이 밀려 있지 않았다면 나의 실수로 수술이 취소될 수도 있는 상황이었기에 정말 아찔한 순간이었고, 그 일 이후 나는 링거를 투여할 때 예민하게 점검하는 버릇이 생겼다. 또 조금이라도 이해가 되지 않거나 불안한 마음이 들 때면 선배에게 확인한 후 일을 처리하게 되었다. 공부하는 것이 중요하다는 걸 절실히 깨닫고 의욕적으로 환자 사례 연구에 참여하고 인터넷 사이트를 뒤져가며 해외 학회 자료를 검토하기 시작한 것도 그때부터다.

이런 공부가 가져다준 작은 성과도 있었다. 통증 조절을 위해 재활의학과에 입원한 폐암 말기 환자를 내가 담당하게 되었을 때의 일이다. 폐암도 원인에 따라 종류가 여러 가지로 나눠지는데 그 환자의 경우 몸에 전해질이 빠져나가 많이 마른 상태여서 물을 충분히 마시도록 권장하고 있었다. 그러나 환자는 계속 통증을 호소했다. 나는 이상하다는 생각이 들어 해외 논문을 뒤졌다. 폐암 중에서도 항이뇨 호르몬이 부적절하게 분비되는 특이한 암이 있는데 그럴 경우 반대로 물을 제한하는 것이 중요하다는 사실을 발견했다. 나는 이 내용을 의사에게 전했다. 담당 의사는 논문을 복사해 전체 간호사들이 돌려 볼 수 있도록 했으며 환자에 대한 처방도 바꾸었다. 그 후 환자가 통증을 호소하는 빈도가 훨씬 줄었다. 물론 폐암 말기 환자가 완치된 것은 아니지만 환자의 고통을 조금이나마 덜어줄 수 있다는 기쁨은 컸다. 그 경험은 내게는 소중하고도 보람된 일이었다.

손가락을 넣어 대변을 파내다

고통으로 신음하는 사람들에 둘러싸여 매일 매일 일하는 것은 생각보다 훨씬 어렵다. 의료인들이 사명감과 희생 정신이 없다면 해내기 힘든 일이 아닐까 생각한다. 환자를 간호한다는 것은 일반인이 생각하기에 더럽고 지저분한 일도 감수하는 것을 의미한다. 재활의학과 환자 중에는 대변을 제대로 보지 못하는 사람도 많은데, 간호사는 정기적으로 환자의 항문에 손가락을 넣고 대변을 파내 주어야 한다.

처음엔 나 역시 이 일이 무척 민망하고 적응하기 어려웠다. 하지만 5년 정도 일한 지금은 환자가 민망하지 않게 내가 먼저 "대변 봅시다!"라고 밝게 외치고 평소보다 양이 많거나 냄새가 심하게 날 때는 "아이쿠! 오늘은 맛있는 거 많이 드셨나 봐요."라는 농담까지 건네며 웃으며 처리할 수 있게 됐다. 또 경추 손상 환자의 경우 소변 줄을 이용해 소변을 빼 주어야 한다. 이런 일을 하고 나면 구린내가 내 몸에까지 배지만 대소변을 보지 못하는 환자에게 꼭 필요한 최선의 간호이기 때문에 더럽다는 생각은 버린 지 오래다. 또 시원하게 대소변을 보고 기뻐하는 환자를 보면 나도 저절로 기분이 좋아지곤 한다.

처음엔 나도 간호사 업무가 어려웠다. 환자 가족들은 불만 사항이 있어도 의사에겐 아무 말도 하지 않다가 꼭 간호사에게만 험한 소리를 한다. 아픔 때문이겠지만 항상 찡그린 얼굴의 환자를 대하는 것도 유쾌한 일은 아니다. 이런 이유들로 입사 초기에 겁을 먹고 병원을 떠나는 동료들도 있었다. 나 또한 하루 종일 격무에 시달리고 녹초가 되어 퉁퉁 부은 다리로 집에 돌아가는 일이 반복되면서 '내가 평생 이 일을 할 수 있을까?'란 회의가 들 때도 많았다.

그때 내게 힘을 주었던 것이 바로 온라인의 간호사 카페였다. 호기심에 접속한 카페에는 나와 똑같은 고민을 하고, 똑같은 고충을 겪고 있는 많은 간호사들이 있었다. 나는 내 고민과 경험담을 스스럼없이 올리게 되었고, 어느새 제법 열심히 활동하는 회원이 되었다. 카페 회원이 기하급수적으로 늘어나자 나는 새로운 간호사 카페를 만들고 가족적인 모임으로 운영하며 다 함께 능력 있는 간호사가 되는 길을 모색하고 있다.

병동에 따라 상황에 따라 간호사들의 애환도 천차만별이겠지만 공통적인 것은 육체적으로 힘들고 일에 비해 인정을 받지 못한다는 것이다. 육체적으로 힘든 것은 3교대라는 특수한 근무 조건에서 비롯된다. 아침에 출근하고 저녁에 퇴근하는 이들은 결코 이해하지 못할 것이다. 저녁에 출근해 아침에 퇴근하고, 오후에 출근해 밤늦게 퇴근하고…. 그것도 정해진 것이 아니라 수시로 바뀌므로 정기적으로 학원 수강을 한다거나 하는 일은 거의 불가능하다. 하루 종일 서서 일하므로 2년 정도 일하면 간호사들에게는 하지정맥류니 뭐니 하는 직업병 하나쯤은 앓고 있는 게 보통이다.

또 하나 일하는 만큼 인정받지 못하는 현실이 힘들다. 특히 의사 중에는 간호사를 자신의 보조 인력으로 생각하는 이들이 많고, 환자들 역시 간호사를 의사의 시중을 드는 인력으로 인식하는 경우가 많다. 그래서인지 자신의 일에 자부심을 갖지 못하는 간호사들도 있다.

그러나 나는 환자를 간호하는 일은 사회에 꼭 필요한 일이고, 스스로 노력하기에 따라 자부심을 갖고 일할 수 있는 직업이라고 확신한다. 또 아직까지 사회 진출에 있어 남녀차별이 많은 우리 사회에서 여성이 나이 들어서도 대우 받으며 일할 수 있는 많지 않은 직업 중 하나가 간호사라는 데에 의미를 두고 있다.

간호대학 시절엔 빨리 간호사가 되어야겠다는 마음으로 세월을 보내고, 신규 간호사 시절엔 선배들의 눈치에 시달리며 세월을 보낸다. 하지만 시간이 지나면서 점점 환자가 보이기 시작하는데, 바로 이때부터 베테랑 간호사가 되는 것이다. 나 역시 이제 갓 5년차에 접어들었을 뿐 아직까지 '환자'만 크게 보이는 베테랑 간호사가 되기에는 많은 시간이 필요하다. 그 기간을 앞당기기 위해 최선을 다하고 있다.

(구술 정리 : 임현주)

05   정신과 간호사

마음을 나누는
누이이자 친구로

| 김금슬 |

1966년 광주 출생. 1988년 광주기독간호대학을 졸업했다. 국립부곡병원, 나주병원을 거쳐 1995년부터 국립서울병원 정신과 간호사로 일하고 있다.

    국립부곡병원 간호사로 시작해 나는 지금까지 15년째 정신과 간호사로 일하고 있다. 애초에 정신과 간호사를 희망했던 것은 아니었기에 첫 발령지가 정신 병원이란 사실을 알았을 땐 걱정이 이만저만 아니었다. 정신과에 대해 내가 알고 있는 것이라곤 대학 시절 실습 때 배운 것이 전부였기 때문이다. 다행히 부곡병원은 당시 막 개원해서인지 정식 근무 전 한 달 동안 의사와 사회복지사에게 정신과 교육을 받게 했는데 정신과에 대해 아무것도 몰랐던 내게는 귀하고 소중한 시간이었다.

    하지만 막상 병동 근무를 시작했을 땐 모든 것이 막막하기만 했다. 몸이 아픈 환자들이 아니라 마음이 아픈 이들이 모여 있는 곳이기에 환자들은 시도 때도 없이 간호사에게 상담을 요청했다. 그 내용도 다양

했고 대부분 개인적인 고민이 주를 이루어 어떻게 환자를 도와줘야 할지 갈피를 잡기가 힘들었다. 내가 하는 말 한마디가 환자에게 독이 될 수도 있고 약이 될 수도 있다는 생각에 말을 건네는 일조차 조심스러울 정도였으니.

정신 병원에 대한 편견을 버려야

지금은 정신과에도 다양한 치료 기법이 도입되었지만 당시는 간호사 개인의 역할을 중요시했기 때문에 처음에는 공중에 붕 뜬 느낌으로 살았다. 퇴근하고 집에 돌아가서도 환자의 고민이 생각나 마음이 편하지 않았고, 다음날 아무런 대책을 마련하지 못하고 출근을 할 때는 '오늘 하루 어떻게 환자를 대할까.'라는 걱정으로 마음이 무거웠다. 또 개인적으로 좋지 않은 일이 있을 땐 환자가 먼저 알아차리고 "무슨 일 있으세요?"라고 묻는 경우가 많아 표정 관리에도 신경을 써야 했다.

정신과 간호사는 주사나 약을 주는 것보다 환자의 마음을 이해하고, 인생의 카운슬러가 되어야 한다는 사실을 곧 깨닫게 되었다. 지금 당장은 마땅한 답을 줄 수 없어 피하고 싶지만 무조건 환자를 믿고 환자가 하는 말 한마디를 놓치지 않고 애정을 갖고 귀를 기울이다 보면 길이 보이게 된다. 그러면서 나는 환자를 대하는 데 조금씩 의연해졌고, 상담 기법도 혼자 공부하면서 환자와의 대화에도 점차 능숙해질 수 있었다.

정신 질환에 걸리면 사람들은 치료를 받아야겠다는 생각보다 쉬쉬하며 감추는 경향이 많다. 몸이 아픈 것은 부끄럽게 생각하지 않으면서 정신 질환은 몹쓸 병에나 걸린 것처럼 치부하는 사회 분위기 때문이다. 정신 질환과 정신 병원에 대한 이런 편견 때문에 환자들은 마지막 방법으로 병원을 찾는다. 빨리 병원에 왔으면 쉽게 고칠 수 있는데도 시기를 놓쳐 병은 깊어지고 결국 평생 병원 신세를 지거나 약에 의지해 살아가게 된다. 이것이 나를 비롯한 정신과 의료진이 가장 가슴 아파하는 것이다. 정신 질환도 종류와 중증도가 매우 다양하며, 초기에 치료하면 완치될 수 있는 병이라는 사회적 인식이 절실히 필요하다.

'정신 병원'이라고 하면 사람들은 흔히 쇠창살에 갇혀 있거나 온몸이 묶인 채 침대에 누워 있는 환자를 떠올리지만 그렇지 않다. 평상시 환자들의 행동은 일반인들과 크게 다르지 않다. 물론 가끔씩 망상에 빠져 자해 등의 극단적인 행동을 하기도 하지만 그런 경우는 극히 드물다. 또 환자들은 무조건 병실에 갇혀 지내는 것이 아니라 다양한 치료를 받는다. 최근에는 정신 질환자의 인권을 존중해야 한다는 분위기가 확산되며 병원 분위기에도 많은 변화가 생겼다. 우선 2002년부터 병원 이름에서 '정신'이란 단어가 빠졌다. 내가 근무하고 있는 국립서울정신병원도 지금은 국립서울병원으로 명칭이 바뀌었다. 병원을 찾는 환자들의 질환이 병원 이름에서부터 드러나지 않게 하여 환자를 보호하자는 취지에서 취해진 조치이다. 그러면서 높았던 울타리가 낮아지고, 울타리를 둘러싸고 있던 철조망이 사라졌다. 외부 세계와 좀 더 가까워진 것이다.

입원 방법도 다양해졌다. 일반적으로 정신 병동은 폐쇄 병동과 개방 병동으로 크게 분류된다. 폐쇄 병동은 말 그대로 환자의 활동이 제한되어 있는 곳이고 개방 병동은 병원 내에서는 자유롭게 행동할 수 있는 곳이다. 최근에는 대부분의 병원에서 밤 병동, 낮 병동 제도를 운영하고 있다. 낮에는 일상생활을 하고 밤에만 입원해 치료를 받는 곳이 밤 병동이고, 반대로 낮에 병원을 방문해 치료를 받고 밤에는 집으로 돌아가는 것이 낮 병동이다.

약과 치료 방법도 다양해졌다. 정신 병원 치료약은 복용 후 금방 환자가 잠으로 빠져드는 안정제만 있는 것이 아니다. 증상에 따라 치료약이 다양하며 약물 치료도 정신과 치료의 주요 방법 중의 하나이다. 또한 레크레이션 요법, 음악 치료, 미술 치료, 작업 치료 등 치료 방법도 다양해져 병동은 밝고 활기찬 분위기로 변해 가고 있다.

학교보다 더 번잡한 소아청소년 병동

현재 내가 근무하고 있는 곳은 소아청소년 병동이다. 95년 국립서울병원으로 발령 받은 후 개방 병동과 폐쇄 병동을 거쳐 2004년 3월부터 이곳에서 근무하고 있다. 30병상 규모의 소아청소년 병동에는 현재 나를 비롯한 일반 간호사 5명과 주임간호사, 수간호사, 간호조무사 7명 등 총 14명이 근무하고 있다. 정신과의 특성상 조무사 7명은 모두 남자로 구성되어 있다. 3교대 근무 형태는 여느 병원과 같지만 밤 근무 시간이 오후 10시부터 오전 8시 30분까지 10시간 30분으로 좀 더 긴 편이다.

소아청소년 병동은 폐쇄 병동으로 산책이나 외출할 때를 제외하면 환자들은 병동 내에서 생활한다. 한참 학교에서 말썽을 피울 나이의 학생들이 모여 있는 곳이라 병동은 늘 학교 쉬는 시간처럼 분주하다. 특히 학기 중보다 방학 기간에 환자가 많아 방학이 가장 바쁜 때이다. 입

:: 소아청소년 병동 내부 풍경. 병동 입원 환자들이 솜씨를 뽐낸 게시물들이 걸려 있는데 꼭 교실 뒷풍경처럼 정겹다.

원 환자들의 병은 충격이나 무리한 다이어트로 먹는 것을 병적으로 거부하는 섭식 장애부터 우울증, 조울증, 약물 사용으로 인한 정신장애 등 가지각색이다.

정신과 치료에는 의사와 간호사뿐만 아니라 사회복지사, 임상심리사 등 다양한 분야의 전문가들이 참여한다. 새로 환자가 입원하면 이들이 모두 모여 환자 상태와 치료 방향을 함께 논의하고 회의에서 결정된 내용에 따라 환자마다 치료약, 프로그램이 다르게 짜여진다.

소아청소년 병동의 경우 음악 치료, 미술 치료 등 갖가지 치료 프로그램을 운영하며 비디오, 노래방, 컴퓨터 시설이 갖춰져 있다. 특히 환자의 대부분이 학생이므로 학과 공부를 할 수 있도록 따로 공부방을 만들어 놓고 교과서를 구비해 놓았다. 한 달에 한 번씩은 아이들과 함께 소풍을 간다. 육체적으로 건강한 이들이 모여 있는 곳이기 때문에 병실에 가만히 있기보다는 다양한 활동을 할 수 있도록 만드는 것이다.

소아청소년 병동 간호사들의 주요 업무는 환자와 함께 생활하며 환자들이 정해진 프로그램에 잘 참여하게 하는 것이다. 병동은 철저히 점수제로 운영된다. 즉 프로그램에 잘 참여하고, 정해진 규칙을 잘 지켜 점수가 높으면 환자가 소지할 수 있는 개인 물품을 늘릴 수 있는 등 인센티브를 주고 반면 점수가 낮으면 산책을 중단하는 등의 조치를 취하게 된다. 따라서 환자가 자기에게 주어진 치료 프로그램에 적극적으로 참여할 수 있도록 이끌고 담당 환자의 점수 관리를 하는 것도 간호사의 역할이다.

그러나 프로그램을 운영하는 일보다 더 중요한 간호사의 업무는 환자와 신뢰를 형성하는 것이다. 모든 환자들이 처음부터 치료에 적극적인 것은 아니다. 환자가 적극적으로 치료를 받을 수 있도록 간호사는 그들의 친구가 되기도 하고, 때론 언니나 누나가 되어야 한다. 그래서 소아청소년 병동 간호사는 유니폼이 아닌 평상복을 입는다. 유니폼은 환자에게 거리감을 준다고 판단해서이다. 친근한 태도, 이것이 정신과 간호사의 치료의 자세이기도 하다.

신뢰를 쌓는 일은 먼저 환자에게 관심을 갖고 말 한마디에도 귀를 기울이는 것에서 시작된다. 관심을 보이며 마음을 열고 다가서면 환자들은 언젠가는 친구 문제부터 소소한 집안사에 이르기까지 그동안 마음속에 담아 두었던 고민을 털어놓기 시작한다. 그때부터 간호사들은 긴장하기 시작한다. 언제 어느 때 환자가 상담을 요청할지 모르기 때문이다. 때문에 간호사는 담당 환자가 정해지면 환자의 병력부터 가정환경까지 철저하게 조사해 놓는다.

소아청소년 병동에 입원해 있는 환자들은 가정불화로 인해 정신 질환이 생긴 경우가 많으므로 가족과의 상담도 정기적으로 진행한다. 상담을 하다 보면 가족과 환자는 정말 다른 생각을 갖고 있는 경우가 많다. 제3자의 입장에서 가족과 환자의 사이를 오가며 서로 간의 오해가 풀렸을 때가 정신과 간호사로서 가장 보람 있는 순간이다.

다른 병동과는 달리 이곳에선 완치되어 병원을 퇴원하는 환자가 그리 흔하지 않다. 또 일단 완치되어 나갔던 환자가 재입원하는 경우도 많다. 환자들에게 최적의 상태를 제공하는 병원에서는 상태가 좋아졌다 하더라도 사회로 나가면 처음 얼마간은 힘들기 마련인데, 그 시기를 이기지 못하고 돌아오는 환자가 많기 때문이다. 이런 환자에겐 병원이 도피처가 되므로 평생 입원과 퇴원을 반복하게 된다. 이것이 내가 정신과에 근무하며 느끼는 가장 큰 딜레마이기도 하다.

단지 마음이 아플 뿐

정신과에 근무하면서 사람들이 정신 병원과 정신 질환에 대해 얼마나 편견을 가지고 있는지 피부로 느끼고 있다. 이런 편견은 환자와 병원에만 끝나는 것이 아니라 정신과 의료진에게도 영향을 미쳐 정신과에 근무하는 의료진은 환자 때문에 위험한 상황에 처하지 않을까 걱정하는 사람도 있다. 하지만 아직까지 나나 의료진이 환자 때문에 위험에 처한 적은 한 번도 없었다. 오히려 환자들이 의료진을 믿고 따르기 때문에 다른 어떤 곳보다도 환자와 밀접한 관계가 형성되는 곳이 정신과이다.

어느 날 초등학교에 다니는 딸아이가 "엄마, 정신 병원이 아닌 다른 곳에 근무하면 안 돼?"라고 심각하게 물었던 적이 있다. 불규칙한 근무 환경 때문에 아이와 함께 보내는 시간이 적어 항상 미안한 마음을 갖고 있는 내게 딸아이의 말은 충격적이었다. 얘기를 들어 보니 어린 마음에 엄마가 걱정되기도 하고, 친구들에게 정신 병원에 근무한다고 말하는 것이 꺼려진다는 것이었다. 나는 딸아이를 병원에 데리고 가 내가 일하고 있는 곳을 둘러보게 하는 것으로 대답을 대신했다. 병원을 둘러본 후 딸아이는 직접적으로 병원을 옮기라는 말은 하지 않지만 여전히 다른 곳에서 일하기를 바라고 있는 눈치이다.

내게도 정신 병원이 아닌 다른 전문 병원으로 옮길 기회가 없었던 것은 아니다. 그러나 나는 정신 병원을 선택했다. 환자와 가장 밀접한 관계를 유지하며 치료할 수 있는 영역이 바로 정신과라고 생각했기 때문이다. 환자 개개인의 가정환경에서부터 마음속 고민까지 함께 나누는 일은 아마 정신과가 아니면 불가능하지 않을까. 또 다른 과에 비해 육체적으로는 힘이 덜 드는 것도 좋았다. 정신적인 긴장감은 크지만 하루 종일 뛰어다니며 환자를 간호하고, 환자 가족에게 시달림을 받는 일은 없기 때문이다. 오히려 정신과에 입원한 환자들은 큰 수술을 받은 것도 아니고 육체적으로 건강하기 때문에 병원은 신음 소리보다는 웃음 소리가 더 많은 것이 사실이다.

다른 분야에 비해 개척의 여지가 많아 스스로 노력하면 전문성을 높이며 일할 수 있다는 비전도 보였다. 나는 교육을 받을 기회가 생기면 빠지지 않으려고 노력했고 보다 체계적인 공부를 위해 정신보건간호사 2급 과정을 마쳤다. 정신보건간호사 자격증을 취득하면 정신 병동 이외에 사회복지시설을 운영할 수 있는 자격이 주어진다. 요즘에는 구청에도 정신보건센터가 개설되는 등 병원 외에도 사회 곳곳에서 정신보건간호사를 필요로 하기 때문에 정신과 간호사의 영역은 더욱 넓어지고 있다.

직업인으로서 밝은 미래와 인간애가 살아 있기에 나는 정신과 간호사가 좋다. 한 가지 바람이 있다면 정신 병원과 정신 질환에 대한 사회적 편견이 하루 빨리 사라지는 것이다. 요즘 같은 경쟁 시대엔 누구나 약간의 정신 질환을 앓고 있다. 외국의 경우 정신적으로 지칠 때 가장 먼저 찾는 곳이 정신과이다. 우리나라도 머지않은 미래에 눈이 아프면 안과를 찾고, 배가 아프면 내과를 찾듯 심신이 지치고 피곤할 때는 거리낌 없이 정신과 치료를 받을 날이 올 것이라 기대한다.

(구술 정리 : 임현주)

8급 간호직 공무원

행정자치부에서 주관하고 각 시·도에서 관할하는 공무원 시험에 합격하면 공무원 신분으로 간호사 일을 할 수 있다. 시험은 매년 2월~12월 중에 시행되며 지역별로 선발 인원 및 시험 일자 등은 차이가 있다. 시험에 응시할 수 있는 자격은 간호사 면허증을 소지한 자로 만 18세부터 만 30세까지이다. 일부 지역에 따라 만 40세까지 나이 제한을 두기도 한다.

시험 과목은 국어, 영어, 한국사, 간호관리학, 지역사회간호학. 필기시험 합격 후 면접을 거쳐 최종 합격자가 결정된다. 8급 간호직 공무원은 보건복지부 산하 국립·시립 병원, 보건소, 시군 구청 병원 및 의료원에 근무하게 된다.

개인 병원 간호사

작은 병원에서 큰 간호사 되기

| 장영은 |

1982년 동해 출생. 2003년 2월 삼육간호보건대학을 졸업했다. 2002년 12월 강북노인병원에 입사해 중환자실에서 근무하고 있으며, 2004년부터 삼육대학교 RN-BSN(Registered Nurse-Bachelor Science of Nursing) 과정을 밟고 있다.

어린 나에게 간호사 언니는 머리에 캡을 쓰고 흰색 가운을 입은 '백의의 천사' 그 자체였다. 난 어쩌다 감기로 병원에 가면 환하게 미소를 지으며 "장영은 어린이, 들어오세요."라고 말하던 그 간호사 언니에게 반했다. 이렇게 나는 간호사의 꿈을 키우며 자랐고, 대학을 선택할 때도 조금의 주저함도 없이 한 치의 고민도 없이 간호학과를 선택했다. 부모님 역시 '영은이는 간호사가 될 거야.'라고 아무 의심 없이 믿어 버릴 정도였으니.

어린 시절부터의 꿈을 소중히 간직한 채 2000년 고향인 동해를 떠나 삼육간호보건대학에 입학했다. 그러나 대학에 입학하면서 그동안 간직해 왔던 간호사의 이미지는 여지없이 무너졌다. 환한 미소를 지으며 환자 이름을 부르는 일은 간호사의 업무 중 아주 일부일 뿐이라는 것을 알게 된 것이다. 여러 번의 실습을 통해 간호사는 가냘프고 우아한 여성이 아니라 환자를 위해 고달픈 육체 노동을 해야 하는 힘 센 여성이라는 것을 깨달았다. 이처럼 막연했던 꿈이 깨지는 과정은 나뿐 아니라 '백의의 천사'라는 이미지 하나로 간호사의 꿈을 키워 온 모든 간호과 학생들이 한 번씩 거쳐야 하는 필수 코스이다. 이 과정을 거쳐야만 환상에서 벗어나 전문직 의료인으로 한발 한발 다가가는 것이다.

졸업반 시절 나도 치열한 취업 경쟁 속에 있었다. 보통의 대학생들이 대기업 입사를 선호하는 것처럼 간호과 학생들의 취업 희망 1순위는 역시 종합 병원이다. 종합 병원은 입원 환자를 100명 이상 수용할 수 있는 시설을 갖추고 내과, 일반외과, 소아과, 산부인과, 진단방사선과, 마취과, 임상병리과(해부병리과), 정신과 및 치과가 설치되어 있고 각 과마다 필요한 전문의를 갖춘 의료 기관을 의미한다. 그 이하 규모는 '종합'이 아닌 일반 병원으로 분류되며 개인 병원, 규모가 작은 시·도립 병원, 한의원, 의원 등의 중소 병원이 모두 포함된다.

종합 병원은 규모가 큰 만큼 복지 제도가 잘 마련되어 있어 월급도 많고 근무 조건도 안정적이며, 오래 일한 만큼 대우를 받을 수 있다. 반면 개인 병원은 규모가 작아 종합 병원에 비해 급여도 적고 비교적 경미한 증세의 환자가 주로 내원하므로 상대적으로 업무가 단순하고 오래 일한다고 해서 경력에 맞게 대우를 받지 못하는 것이 현실이다.

그러나 모든 간호과 학생들이 종합 병원에 취업할 수 있는 것은 아니며 종합 병원보다는 일반 병원이 수적으로 더 많다. 나 역시 종합 병원을 목표로 취업을 준비했지만, 고배를 마시고 좌절하는 시기를 거쳤다. 이런 과정과 고민 끝에 선택한 곳이 강북노인병원이었다.

강북노인병원은 60병상 규모에 7층 건물의 6개층을 사용하는, 제법 큰 규모의 개인 병원으로 2층은 세탁실, 3층은 외래 진료, 4~6층은 입원실로 구성되어 있다. 무엇보다 7층에 간호사들을 위한 기숙사가 마련되어 있어 시설 면에서는 종합 병원에 비추어 손색이 없었다.

아이처럼 순수한 노인 환자들과의 일상

노인 병원이란 이름에서 알 수 있는 것처럼 환자의 평균 연령은 80세 정도이다. 90세가 넘은 고령 환자들도 많아 60대 환자들에게 할머니, 할아버지라는 호칭을 사용하는 일이 조심스러울 지경이다. 하지만 이 점이 내 마음을 강하게 끌어당겼다. 가족과 떨어져 외로운 생활을 해야 하는 노인들을 간호하는 일에 애정이 느껴졌던 것.

강북노인병원에 근무한 지 올해로 2년째. 나는 7명의 동료와 함께 중환자실에서 일하고 있다. 노인들이 모여 있는 곳이라 분위기가 침울할 것이라는 선입견을 갖기 쉽지만 병원 분위기는 오히려 화기애애하다. 치매 노인을 각 가정에서 가족들이 돌보기는 어렵지만, 이곳 간호사들에겐 치매 노인은 순수한 마음을 그대로 간직하고 있는 어린아이와 다를 바 없다. 체구가 작은 할머니는 간호사도 업을 수 있을 정도이며, 96세 치매 할머니에게 "나이가 몇 살이세요?" 하고 물으면 "열일곱 살이야."라고 곱게 대답하곤 해 환자들까지 한 번씩 활짝 웃게 만든다. 또 의사에게 '오빠', 간호사에게는 '언니'라고 부르는 환자도 있어 병실엔 항상 웃음이 넘친다.

나도 처음에 이곳에 왔을 땐 점심 식사를 마치자마자 점심을 달라고 소리를 지르는 환자에게 어떻게 대처해야 할지 몰라 당황스러웠고,

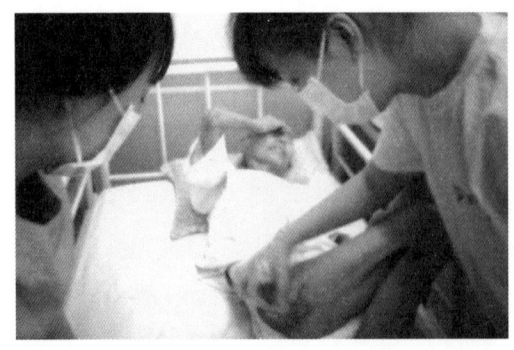

:: 동료와 함께 욕창 환자를 치료하고 있는 장영은 간호사(왼쪽).

어린아이처럼 한없이 칭얼대는 환자들이 부담스러웠다. 하지만 앞뒤 없고 뜬금없는 환자의 말을 그냥 지나치지 않고 따뜻하고 상냥하게 대답하는 선배 간호사의 모습을 보면서 환자를 대하는 방법을 하나하나 익혀 나갔고, 간호사가 아닌 손녀처럼, 친구처럼 환자를 대할 수 있게 되었다.

강북노인병원은 간병인을 따로 두지 않는다. 간호사가 환자 간호의 모든 것을 담당하기 때문에 간호사의 손길이 미치지 않는 곳이 없다. 혼자 움직일 수 없는 환자들은 씻는 일부터 식사까지 모두 간호사의 도움을 받아야 한다.

이곳은 2교대 근무를 하는데, 낮 근무는 오전 8시부터 오후 5시까지, 밤 근무는 오후 5시부터 다음날 아침 8시까지이다.

낮 근무는 환자 세면 및 환자복을 갈아입히는 것으로 시작한다. 이렇게 아침 단장이 끝나면 간호사 4명이 한 조가 되어 환자 상태 점검에 들어간다. 4명의 간호사는 제각각 레벨도 다르고 업무도 다르다. 1급 간호사는 '차팅'(charting), 2급 간호사는 '드레싱'(dressing), 3급 간호사는 '드레싱 어시스트와 피딩'(dressing assist and feeding), 4급은 '액팅'(acting) 업무를 담당한다.

차팅은 환자의 상태를 기록하는 업무이다. 드레싱은 욕창 환자나 외상 환자의 거즈를 갈아 주고 소독하는 일이다. 드레싱을 할 때에는 무균 상태를 유지해야 하기 때문에 3급 간호사가 드레싱 보조를 한다. 3급 간호사는 혼자서는 밥을 먹지 못하는 환자에게 밥도 먹여 준다. 마지막으로 액팅은 환자의 위치를 바꾸고, 혈압, 체온 등의 기본적인 바이탈 체크를 하는 업무이다. 보통 4급인 액팅 업무로 시작해서 연차가 올라갈수록 높은 급수로 승진하게 된다.

아침 회진이 끝난 후에는 환자들이 먹은 양과 배출량을 조사하는 IO(IN OUT) 체크를 하고, 특별 체크가 필요한 환자들만 분류해 따로 회진하게 된다. 그러다 보면 시간은 어느새 점심 시간이 된다. 환자들의 점심을 챙기고 간호사들이 교대로 점심을 먹고 난 후에는 다시 같은 업무가 반복된다.

업무는 매일 반복되지만 환자 상태에 따라 병원 분위기도 달라지고, 환자를 대하는 간호사의 자세도 변하기 마련이다. 특히 노인 병원 중환자실의 경우 완치되어 퇴원하는 환자보다는 병증이 악화되어 운명을 달리하는 경우가 많아 때때로 병원은 장례식장 분위기로 바뀌기도 한다. 언젠가 5일 만에 4명의 환자가 세상을 떠나 병원 전체가 눈물바다가 되기도 했다. 반대의 경우도 물론 있다. 상황이 안 좋았던 환자가 차도를 보일 땐 병동 전체가 밝아지기도 한다. 이런 희로애락과 잔잔한 감동을 진하게 느낄 수 있는 곳이 바로 개인 병원이다.

노인 병원에서 일하는 게 어려운 이유는 환자 상태를 판단하기가 쉽지 않다는 것이다. 젊은 사람의 경우 질환을 판단하기 쉽지만 노인의 경우 신체 기능이 노화돼 약물 반응도 느리고, 자연히 환자 상태를 체크하는 일도 매우 까다롭다. 또 약물이나 주사 효과가 나타나기까지 많은 시간이 필요하고, 자칫 잘못 되었을 때 어느 한순간에 부작용으로 나타날 수 있으므로 작은 변화도 그냥 지나치면 안 된다.

노인 환자들을 돌보며 가장 마음이 아픈 건 환자의 가족이 자주 찾아오지 않을 때이다. 치매 환자를 가정에서 돌보는 것은 한계가 있기 마련이라 대부분의 환자는 본인의 의사가 아닌 가족에 의해 입원하게 된다. 많은 보호자들은 시간이 날 때마다 병원을 방문해 환자들과 함께 하지만 장기 입원 환자 보호자 중에는 한 달이 되도록 한 번도 들르지 않는 경우도 있다. 가족의 발길이 뜸해 외로워 하는 환자를 대할 때는 특히 마음이 애처로워 더 신경을 쓰게 된다. 이곳에서 일하면서 나는 가족의 소중함을 배웠다. 일에 지치고 환자들의 짜증이 심한 날에는 '가족'을 생각하며 각오를 새롭게 다지곤 한다.

따뜻한 인간 관계, 불안한 미래

개인 병원은 환자 수가 많지 않아 일 자체는 비교적 단순하다. 간호사 한 명이 담당해야 하는 환자 수는 평균 5명 정도. 하루에 20~30명의 환자를 담당하는 종합 병원에 비해 훨씬 적은 숫자여서 환자 한 사람 한 사람에게 세심하게 배려할 여유가 있다. 자연히 환자와 밀접한 관계를 맺으며 간호하게 되는데 이런 점이 개인 병원의 가장 큰 장점이다. 때문에 대학 병원과는 달리 신참 간호사 시절도 비교적 수월하게 넘길 수 있고 근무 후 6개월째부터 혼자 환자를 담당할 수 있게 된다.

또 이곳은 신규 간호사들이 가장 힘들어 하는 인간관계에서 오는 어려움이 거의 없다. 종합 병원에 취업한 동기 중에는 만날 때마다 간호사 선배, 의사와의 갈등에 대해 시간 가는 줄 모르게 하소연하더니 결국 1년을 견디지 못하고 다른 직장으로 옮기는 친구도 있었다. 강북 노인병원은 간호사 12명, 간호조무사 4명, 보호사 3명 등으로 인원수가 많지 않다. 때문에 가족적인 분위기에서 일할 수 있었던 나에게는 인간관계에서 겪어야 하는 스트레스는 그리 없었던 셈이다. 선배 간호사들은 '신규'라기보다는 '막내'로 대해 줬고, 비교적 의사의 관여가 적어 오히려 독립적인 간호를 할 수 있었다. 이런 인간적인 끈끈함 때문에 난 2년 동안 큰 고민 없이 개인 병원을 지킬 수 있었다.

물론 나쁜 점도 있다. 기본적으로 개인 병원은 종합 병원에 비해 월급에서부터 차이가 난다. 종합 병원은 복지 제도가 비교적 잘 갖춰져 있어 업무에 따라 다양한 수당이 지급되지만 개인 병원은 면허 수당, 야근 수당, 자격 수당 정도만 적용된다. (심한 경우 급여가 종합 병원의 절반 정도인 곳도 있다.) 종합 병원에 비해 교육의 기회가 많지 않은 것도 단점에 속한다. 병원 규모가 큰 곳에서는 6개월에 한 번씩 기본적인 교육을 받는 것이 일반적이지만 개인 병원에서는 본인이 찾지 않으면 교육의 기회는 좀처럼 주어지지 않는다.

가장 큰 문제는 현재 많은 병원들이 개인 병원 근무를 경력으로 인정해 주지 않는다는 데 있다. 때문에 다른 병원으로 옮길 때 다시 신규 간호사로 입사하는 불합리한 대우를 받아야 한다. 개인 병원 생리상 정년퇴임까지 일하는 것이 보장되지 않는다는 점도 걸림돌이 된다. 오랜 경험을 가진 간호사는 급여가 많아질 수밖에 없기 때문에 오히려 신규 간호사를 선호하게 되는 것이다.

이런 경제적인 이유 때문에 개인 병원의 경우 간호사보다는 간호조무사를 채용하는 경우가 많다. 또 간호사를 채용할 때도 종합 병원에 합격하고 대기 발령 상태인 간호사를 임시로 채용하기도 한다. 이런 상황이 반복되다 보니 간호사 인력이 수시로 교체되어 환자 상태를 파악할 만하면 퇴사하게 되는 일이 잦다. 다행히 강북노인병원은 이런 문제를 줄이기 위해 내가 입사할 무렵 경력 간호사 2명과 신규 1명을 정식 직원으로 채용해 인원 변동은 거의 없는 상태이다.

그렇다고 개인 병원 간호사에게 미래에 대한 불안감이 없는 것은 아니다. 개인 병원의 경우 경영난으로 언제 어떤 일이 일어날지 아무도 모른다. 그래서 난 2004년 초부터 삼육대학교에서 RN-BSN(Registered Nurse-Bachelor Science of Nursing) 과정을 수강하고 있다. RN-BSN 과정은 간호전문대학을 졸업한 간호사를 대상으로 개설된 것으로 2년 동안 과정을 수료하면 4년제 간호대학과 동일한 학사 학위가 수여된다. 간호전문대학을 졸업한 간호사들은 이 과정을 거쳐야만 학사 학위를 취득할 수 있고, 종합 병원의 경우 승진의 기회가 주어진다.

삼육대학교 RN-BSN 과정에는 해외 간호사 특강이 마련되어 있는데 나는 이 두 과정을 충실히 밟고 있다. 수업은 일주일에 2번이며, 목요일 하루는 하루 종일 수업을 듣는데 동료들이 이해해 주어 근무 시간 조정은 그리 어렵지 않았다. 이 과정을 수료한다고 해서 당장 큰 변화가 있는 것은 아니지만 나 나름대로 삶에 대한 투자라고 생각한다.

개인 병원은 종합 병원에 비해 분명 근무 조건이 열악하고, 미래에 대한 안정성이 보장되지 않는다. 그러나 '간호사' 자세만 놓고 본다면 오히려 학창 시절 꿈꿔 왔던 친절하고 따뜻한 간호사가 되기에는 훨씬 더 적합한 곳이다. 20대 초반은 '돈'을 벌 나이가 아니라 '공부'를 할 때라고 생각하는 나에게 이곳 강북노인병원은 단순히 돈을 버는 직장이 아니라 자신의 꿈을 펼치고 또 다른 꿈을 키워 가는 공간이자 소중한 일터이다.

　간호사가 된 지 2년. 함께 공부했던 주위의 많은 동기들이 자신이 원하던 병원에 입사했지만 자신이 원하던 간호를 할 수 없어 다른 직업을 선택하는 모습을 보아 왔다. 난 간호사의 능력은 병원 규모가 아닌 스스로의 노력에 의해서만 얻을 수 있다는 걸 깨닫고 있는 중이다. 이 교훈과 젊음을 밑천으로 오늘도 할머니, 할아버지들과 함께 울고 웃으며 깨어진 꿈이었던 '백의의 천사'가 되기 위해 노력한다.

(구술 정리 : 임현주)

간호조무사란?

병원 규모에 관계없이 대부분의 병원에서는 간호조무사를 채용하고 있다. 간호조무사는 간호 및 진료 업무를 보조하는 정규 의료원으로 간호사 면허증이 아닌 간호조무사 자격증을 갖춘 이들이다. 고등학교 졸업 이상의 학력 소지자라면 누구나 간호조무사 양성 학원에서 교육을 받은 후 간호조무사 자격 시험에 응시할 수 있고 시험에 합격하면 간호조무사 자격증을 취득할 수 있다. 80년대 중반까지 '간호보조원'으로 부르기도 했으나, 간호사를 보조하는 단순 업무자로 인식됨에 따라 1988년부터 '간호조무사'로 부르고 있다. 대체로 간호조무사는 병원에서 의사와 간호사를 도와 치료 또는 간호에 필요한 물품을 준비하며 검사물 및 결과표 선날, 환자의 입원·퇴원 수속 및 간호 등 진료와 관련된 보조 업무를 담당한다.

'남자' 간호사가 아니라 그냥 '간호사'다!

| 장정길 |

1968년 서울 출생. 1990년 동우대학 간호학과를 졸업했다. 군 제대 후 1994년 삼성제일병원 수술실에서 간호사 생활을 시작했다. 현재 일산제일병원 원무과 과장으로 근무하고 있으며, 남자간호사회 총무이자 2002년 남자간호사회 홈페이지를 만든 주인공이다.

"간호학과에 가는 건 어떻겠냐? 간호과 나오면 취업 걱정은 없을 거야."

전기 대학 입시에 실패해 진로를 고민하던 내게 담임선생님이 던진 말이다. 그때만 해도 이 말 한마디가 장차 내 인생에 어떤 영향을 미칠지 선생님도 나도 알지 못했다. 난 '남들이 가지 않는 길을 가 보는 것도 좋겠다.'라는 막연한 기대로 간호과에 지원하기로 결심했다. 지금 생각해 보면 당시 나는 간호학과에 가겠다는 결심은 했지만 '간호사'가 되겠다는 결심까지 한 건 아니었던 것 같다. 간호대학을 졸업하면 간호사가 될 거라는 막연한 생각은 있었지만 정작 주변에서 남자 간호사를 본 적도 없으니 도대체 어떤 모습으로 일하게 될 것인지 상상조차 할 수 없었던 탓이다.

최종 결정을 하기 전 부모님께 내 뜻을 전했다. 남자가 무슨 할 일이 없어 여자들이 하는 간호사를 하냐며 반대하면 어쩌지 하는 우려와는 달리 부모님은 아주 흔쾌히 동의해 주었다. 그러나 막상 원서를 쓰려니 여학생 틈에 끼어 혼자 학교 생활을 해야 한다는 게 여간 신경 쓰이는 게 아니었다. 결국 친구 한 명을 설득해 같은 대학 같은 과에 지원했다. 그렇게 남자 간호사의 길에 한 발 딛게 되었다.

나는 수술실과 흉부외과에서 임상 경험을 쌓은 후 현재 여성 전문병원인 일산병원 원무과에서 일하고 있다. 원무과는 환자의 진료비 관리에서부터 의료보험 심사, 병원 물품 구입 및 관리까지 병원 운영과 관련된 전반적인 일을 담당하는 부서이다. 내가 일하는 곳은 개인 병원이라 기본적인 원무과 업무 이외에도 병원 전산 업무와 직원 친절 교육까지 담당하고 있다. 원무과는 꼭 간호사 면허증을 가진 이들만 일할 수 있는 분야는 아니다. 하지만 최근에는 병원 현황을 잘 알고 있는 간호사를 선호하고 있으며 행정 업무를 원하는 간호사들의 진출도 차츰 늘고 있는 추세이다.

엄밀히 말하면 나는 현재 병원에서 근무하고 있지만 간호사로 일하고 있는 것은 아니다. 그러나 나는 간호사라는 사실을 잊은 적이 없고, 그 누구보다도 간호사에 대한 애정이 크다고 자부한다. 2002년 남자간호사회 홈페이지를 만들고 운영자를 자처한 것도 이런 이유 때문이었다.

현재 간호사 면허증을 가지고 병원에서 근무하고 있는 남자 간호사는 약 300여 명 정도로 전체 간호사 중 1%에도 미치지 않는 적은 인원이다. 그러나 대학에서 간호학을 공부하고 있는 남학생 수는 1000여 명에 이르러 앞으로 남자 간호사는 점점 늘어날 것으로 예상된다.

현장에서 남자 간호사가 하는 일은 여자 간호사와 전혀 다르지 않다. 환자를 간호하는 데 여자와 남자의 구분이 없어 '여자' 간호사가 '남자' 환자 엉덩이에 주사를 놓듯 '남자' 간호사도 '여자' 환자 엉덩이에 주사를 놓는다. 단지 남자 간호사 수가 적기 때문에 일상적으로 남자 간호사를 보기 힘들 뿐이지 남자 간호사라고 특별한 일을 하는 것은 아니다.

하지만 남자 간호사에 대해 제대로 알고 있는 사람은 드물다. 하다못해 병원에서 근무하는 사람들도 그렇다. 남자들은 거칠고 섬세하지 못해서 간호 업무에 부적합하다는 생각에서부터 간호사는 여성의 일이라는 그릇된 인식까지 남자 간호사를 바라보는 사회의 시선은 그리 곱지만은 않다. (남자만 의사를 할 수 있는 것이 아니듯 여자만 간호사를 할 수 있는 것도 아니다.) 나 역시 이런 시선에서 자유로울 수 없었고, 대학 생활을 할 때부터 크고 작은 어려움을 겪어야 했다.

"어! 남자 간호사도 있네?"

담임선생님과 부모님의 격려로 간호과에 입학했지만 간호사가 되기까지 쉽지는 않았다. 적성에 맞지 않았다거나 취업이 어렵다는 거창한 이유가 아니라 문제는 여자가 주류인 간호사 사회에서 성적으로 소수인 남자가 느끼는 사회적 편견이었다. 단적인 예로 여학생에게는 "많은 학과 중 왜 간호과를 지망했나요?"라고 묻지만 남학생들에게는 "남자가 왜 '하필이면' 간호과를 택하게 되었나요?"라고 질문을 던진다. 이런 뉘앙스의 질문 속에는 흔치 않은 선택에 대한 궁금증도 있겠지만

'남자가 오죽 할 일이 없었으면' 하는 부정적 생각도 포함되어 있다.

관심 영역이 달라서인지 여자 동기들과는 일상적인 대화에서부터 취미 생활까지 차이가 있었고, 함께 어울리는 데 한계가 있었다. 엠티나 야유회 등 무거운 짐을 들어야 할 때는 사방에서 "장정길 어딨냐?"고 애타게 찾았지만 여자 동기들과 속내를 털어놓을 정도로 가까워지기는 무척이나 어려웠다. 실습을 나가서도 불편했다. 여자 탈의실은 있지만 남자 탈의실은 없어 화장실에서 가운을 갈아입어야 했으니…. 다행히 나는 같은 과에 입학한 친구와 함께 학교를 다녀 외로움은 덜했지만 둘이라고 해서 남자라는 편견에서 벗어날 수 있는 것은 아니었다. 남들이 가지 않은 길을 선택한다는 것은 외롭고도 힘든 일이었다.

이런 사정 때문인지 간호대를 지원한 남학생 중에는 중간에 포기하고 군대를 가거나 학교를 그만두는 경우도 많다. 나 역시 포기하고 싶은 마음이 전혀 없었던 것은 아니지만 다른 일을 선택하기에는 그동안 들인 공이 아까웠고, 간호사 일 자체에는 큰 불만이 없었기에 이겨 낼 수 있었다.

여자 동기들과의 거리감을 좁히는 데 한계를 느낀 나는 묵묵히 공부하는 것을 선택했다. 간호사로 인정받기 위해서는 실력이 중요하다고 생각했기 때문이다. 또 실습을 나갈 때도 내 스스로 남자와 여자를 구분하지 않으려 애썼다. 그래서 분만실, 신생아실 등 평소 남자들은 접하기 힘든 곳에 지원했다. 남자가 아기를 안고 우유를 먹이는 모습을 보고 웃는 이들도 많지만 시간이 지나면서 서로 익숙해질 수 있있다.

남학생과 여학생의 차이는 졸업반 시절 가장 극명하게 드러난다. 여학생들은 취업 준비에 열을 올릴 때이지만 남학생들에게는 군대가 걸려 있기 때문이다. 남자가 군대에 가는 것은 당연하다. 그러나 간호과 특성상 대부분 졸업 전에 취업을 하고 발령을 기다리므로 취업 대신 군대에 가야 하는 심정은 다른 과 남학생들에 비해 훨씬 착잡하고 불안하다. 이는 3년간 실무를 떠나야 하는 부담 때문이다. 간호과 남학생들 중에는 의무병을 원하는 경우가 많지만 실제로 현실에서는 반영되지 않고 있다. 나 역시 특전사로 군대 생활을 하며 3년간 취업을 유예해야 했다.

나는 제대 후 본격적으로 취업을 준비해 1994년 삼성제일병원 수술실에서 간호사 생활을 시작했다. 업무에 적응하는 일은 그리 어렵지 않았지만 여전히 문제는 인간관계였다. 당시 병원에는 행정 파트에 남자 간호사가 한 명 있었고, 임상 간호사 중 남자 간호사는 내가 유일했다. 직장은 여러 사람이 어울려 일하는 곳이므로 일만큼이나 중요한 것이 동료들과의 인간관계이다. 이 사실을 누구보다도 잘 알았기에 처음에 동료 간호사들과 함께 어울리려고 많은 노력을 기울였다. 선후배, 동료 간호사들 역시 나를 많이 배려해 주었다. 그러나 사소한 일에서부터 내가 남자라는 사실을 극복하기는 어려웠다. 근무가 끝나고 나는 당구를 치고 싶지만, 동료들은 쇼핑을 하고 싶으니 함께 어울리는 것조차 쉽지 않았던 것이다. 또 남자 간호사는 어디에서나 시선이 집중되어 작은 행동도 화젯거리가 되어 사람들의 입에 오르내리는 경우가 많아 행동에도 제약이 많았다.

그나마 나는 수술실에서 일했기 때문에 환자나 환자 가족과 부딪칠 일이 많지 않아 비교적 편안한 임상 생활을 한 편이다. 병동에서 근무하는 남자 간호사들은 하루에도 몇 번씩 "어! 남자 간호사도 있네~?"라는 호기심과 편견에 가득 찬 말을 들어야 했다. 경력이 오래된 간호사들이야 웃어넘길 수도 있지만 신규 남자 간호사들은 그런 말을 들을 때마다 정체성에 대해 고민하게 된다. 하지만 이 정도는 여자가 주류인 사회니까, 하며 쉽게 넘어갈 수 있는 일이다. 이보다 더 힘든 건 병원에서 일하는 이들조차도 남자 간호사를 환자 운반 등 병원의 자질구레한 일을 도와주는 보조원 정도로 인식하는 경우가 많다는 점이다. 남자 간호사가 여자 간호사에 비해 체력적으로 우세하기 때문에 현장에서 궂은일을 많이 하는 건 사실이지만, 그것이 남자 간호사 본연의 업무는 아니다. 지금은 많이 변했지만 70년대 선배들은 이런 편견과 싸우며 동시에 자신의 분야를 개척해야 하는 이중고를 겪어야 했다. 선배 중에는 아빠가 남자 간호사라는 이유로 친구들에게 놀림 받는 딸 때문에 괴로워한 사람도 있다. 어린이들 사이에서 일어난 작은 소동이라고 생각할 수도 있지만 이거야말로 남자 간호사에 대한 사회적 편견이 얼마나 뿌리 깊은지 단적으로 느낄 수 있는 일이다.

남자 간호사에 대한 이런 편견은 우리나라 남자 간호사의 역사에서부터 찾아볼 수 있다. 여자들만의 영역으로 여겨지던 간호사 세계에 남자들이 등장한 것은 1970년대 초반. 그 전에는 남자가 간호사 양성소에서 교육을 받은 후에도 간호사 면허가 주어지지 않아 무면허로 일해야 할 정도로 열악한 상황이었다. 1972년이 되서야 남자 간호사에게도 간호사 면허가 허용되었다. 또 서울위생병원 간호학교, 삼육대학교, 제주간호보건전문대학 등 몇몇 대학을 제외하고는 간호학과에서 남학생 지원자를 아예 받지 않았다. 간호학과에서 남학생 입학을 허용한 것은 80년대 이후였다. 1992년에는 '남사간호사회'가 만들어져 남자 간호사에 대한 현황 조사부터 시작해 목소리를 내기 시작했다.

'남자' 임을 의식마라

남자 간호사에게 간호사 면허가 정식으로 발급된 후 지금까지 간호사 면허를 취득한 숫자는 대략 1000여 명에 이른다. 그 중 현재 현장에서 근무하는 숫자는 300여 명 정도이다. 간호사 면허를 취득한 남자 간호사의 70%는 간호사가 아닌 다른 직업을 선택한 것이다.

남자 간호사들이 가장 많이 진출해 있는 분야는 임상 파트이다. 그 중에도 마취과, 수술실, 응급실, 중환자실에서 근무하는 경우가 많으며 최근에는 비뇨기과, 외래나 의료보험을 관리하는 등의 행정 업무를 담당하는 일도 늘고 있다.

90년대에는 대부분의 남자 간호사들이 주로 마취과에서 근무했다. 나 또한 학교에 입학한 후 한동안 남자 간호사는 마취과에서만 근무하는 것으로 오해할 정도였다. 그러나 마취과 인력이 넘쳐나고 점점 남녀를 구분하는 분위기가 사라지면서 업무 영역에도 변화가 일어났다. 물론 아직까지 일하는 영역이 몇몇 과에 국한되어 있기는 하지만 병동에서 일하는 남자 간호사도 있다.

남자 간호사도 남자이기 이전에 간호사이기 때문에 여자 간호사와 똑같은 일을 담당한다. 남자는 여자에 비해 거칠 것이라는 오해도 있지만 여자 간호사 중에서도 간호사가 적성에 맞지 않는 경우가 있는 것처럼 남자 중에서도 간호사가 적성에 꼭 맞아 환자를 대하는 데 여자보다 더욱 세심한 경우도 많다. 취업이나 급여에서도 큰 차이는 없다. 오히려 희소성 때문에 취업은 여자들에 비해 잘 되는 편에 속한다. 최근 종합 병원마다 평균 3명 정도의 남자 간호사가 일할 정도로 병원에서도 남자 간호사를 필요로 하고 있다. 환자 중에는 여자뿐만 아니라

:: 남자 간호사들에게 원무과 프로그램을 기획해 직접 강의하고 있는 장정길 씨.

남자도 있고, 남자 환자의 소변 보는 일 등 남자가 간호하기 편한 상황도 많기 때문이다. 간호사 사회에 남자가 진출한 지 20여 년이 넘어서야 생겨난 변화이다.

취업난이 심해지면서 간호대학을 지망하는 남자의 숫자는 점점 늘고 있다. 내 모교인 동우대학 간호과의 경우 87년 당시 160명 중 2명만 남학생이었는데, 현재는 남학생 숫자가 16명에 이르고 있다. 최근 몇 년 사이 남학생의 수가 눈에 띄게 늘어나고 있는 것이다. 남자 간호사의 필요성이 제기되면서 일부 대학은 전체 학생 숫자 중 남자 간호사 합격자 수를 정해 놓고 따로 뽑을 정도로 적극적인 지원을 하는 경우도 있다.

우리나라 남자 간호사의 비율은 전체의 1%도 되지 않지만 미국이나 영국의 경우 5% 정도를 차지한다. 미국의 한 의료 업체에선 간호사 구인 광고에 남자가 등장하기도 하며, 맨너스(Man Nurse), 매일 너스

(Male Nurse)에 이어 머스(Murse; man+nurse)라는 단어가 나올 정도로 남자 간호사가 정착되어 있다. 우리나라에 비해 남녀차별이 없고, 간호사가 전문직으로 인정받고 있기에 가능한 일이다.

우리나라에서 남자 간호사가 자리를 잡으려면 간호사의 역할이 투약, 주사 행위로 부각되는 분위기부터 개선되어야 한다. 간호사 역시 의사와 마찬가지로 전문 의료인이라는 인식이 확산된다면 남자 간호사를 바라보는 시선도 달라질 것이다. 또 남학생들도 중도에 다른 길을 택하기보다 간호사로 일해야 한다. 특히 임상에서 많은 활동을 펼쳐 환자나 병원 근무자들 사이에서 먼저 익숙해져야 한다고 생각한다.

언젠가 남자 간호사와 여자 간호사의 비율이 균형을 이루어 현재 간호학을 공부하고 있는 후배들이 '남자'라는 것에 대한 고민보다는 '간호'에 대한 고민으로 많은 시간을 보내게 될 날이 오기를 바란다. 그때가 되면 '남자 간호사'란 말 자체가 사라질 것이다. 남자 프로그래머, 남자 교사, 남자 사장이라고 굳이 부르지 않듯이.

현재 간호대학에 재학 중인 남학생이 졸업을 하게 되면 1000여 명이 넘는 남자 간호사가 사회로 진출하게 될 것이다. 지난 20년 배출된 남자 간호사 수와 맞먹은 수치이다. 그 후배들이 사회로 나올 때는 더 이상 남자 간호사가 희귀한 직업으로 여겨지지 않기를, 그래서 후배들이 훌륭한 간호사로 성장해 병동을 누빌 것을 기대한다.

(구술 정리 : 임현주)

우리나라 남자 간호사의 역사

우리나라에서 남자들이 간호 교육을 받기 시작한 것은 1936년의 일이다. 당시 경성요양병원 부설 간호원 양성소(서울위생병원 간호학교, 삼육간호보건대학 전신)에서 간호원(당시 명칭) 양성을 시작하면서 남녀를 굳이 구분하지 않고 교육생을 모집하면서 시작됐다. 당시 시대상에 비추면 획기적인 조치가 아닐 수 없었다. 요즘에도 남학생을 뽑지 않는 간호 교육 기관이 있다는 사실에 비추면 말이다.

당시 남자 졸업생은 여자 졸업생과는 달리 간호원으로서의 자격을 인정받지 못했다. 이때부터 1972년까지 배출된 남자 간호사 숫자가 20여 명에 이르지만 이들 대부분은 간호학교를 마쳤음에도 무자격 간호사로서 병원 등지에서 제한된 간호 활동을 할 수밖에 없는 어려움을 겪어야 했다. 1972년에 와서야 서울위생병원 간호학교를 비롯한 관계자들의 끈질긴 노력으로 남자 간호사들도 비로소 보건사회부로부터 정규 간호사 면허를 받을 수 있게 되었다.

08 호스피스 간호사

아름다운 죽음을 위한 최상의 대안

| 최화숙 |

1955년 서울 출생. 이화여대 간호학과를 졸업한 후 동 대학원에서 석사, 중앙대학교 대학원에서 간호학 박사 학위를 취득했다. 1988년부터 호스피스 간호사로 활동하고 있으며 현재 이화여대 가정호스피스센터 책임자이자 임상보건과학대학원 객원교수로 재직 중이다. 저서로는 「아름다운 죽음을 위한 안내서」가 있다.

호스피스는 죽음에 임박한 환자와 가족을 위한 가장 아름다운 대안이다. 우리나라에 호스피스가 소개된 것은 1963년으로 처음에는 선교사 의료인들에 의해 시행되다가 1980년대에 이르러 관심을 끌기 시작했으며, 1990년대에 이르러서는 민간에서 자생적인 호스피스 기관이 하나 둘씩 생기기 시작하였다. 2003년, 정부에서는 호스피스 시범사업을 실시하기에 이르렀으며 호스피스 전문 간호사 제도가 생기게 되었다.

호스피스(Hospice)는 라틴어 Hospes(Host와 Guest의 합성어)와 주인과 손님 사이의 따뜻한 마음을 표현하는 장소를 뜻하는 Hospitium이 합쳐진 것으로 "따뜻하게 손님을 맞이하고 편안히 휴식을 취할 수 있도록 돌보며 환대한다."는 의미를 지닌 말에서 유래되었다.

호스피스는 죽음을 앞둔 말기 환자와 그 가족을 사랑으로 돌보는 행위로, 환자가 인간으로서의 존엄성과 높은 삶의 질을 유지하며 살다가 평화스럽게 죽음을 맞이하도록 신체적·정신적·사회적·영적으로 도우며 사별 가족의 고통을 덜어 주는 총체적인 사랑의 보살핌 활동이다. 이러한 현대적 의미의 호스피스 개념은 아일랜드 여의사 시실리 손더스에 의해 재정립되었고 최근에는 호스피스·완화의료(Hospice·Palliative Care)란 용어를 주로 사용한다.

호스피스의 철학은 '생명 사랑'이다. 출생, 성장, 죽음이 모두 삶의 자연스러운 과정이며 인간은 생의 마지막 시간들을 종교, 성, 연령, 인종에 상관없이 따뜻하고 사려 깊은 돌봄을 받으며 보낼 권리가 있음이 전제되어 있다.

미국 호스피스·완화의료 기구(NHPCO)에서는 "말기 환자와 가족을 대상으로 다학문적인 호스피스 팀이 전문적인 의료, 통증 관리, 정서적 지원, 영적 지원 등을 대상자의 요구와 필요에 맞추어 제공하며 가정 방문 서비스와 단기간의 입원 서비스를 포함한다."고 호스피스를 정의하고 있다.

이니셜로 본 호스피스·완화의료

전통적인 의료 관리가 생명 연장을 위해 최신 의학 기술을 활용하여 의사 중심으로 질병의 치료와 완치에 목적을 두고 활력 징후에 관심을 두는 데 비해 호스피스 관리는 치료의 초점이 완치에서 증상 조절에 맞추어져 있다. 호스피스 관리는 '돌봄' 즉 간호가 주요소이다.

또 환자뿐 아니라 환자 가족(보호자)이 모두 대상자가 되며 아프지 않은지, 잠은 잘 자는지, 편안한지에 관심을 둔다. 호스피스(Hospice)라는 단어의 영문 이니셜을 이용해 호스피스가 하는 일을 간단히 소개하면 다음과 같다. (이 경우 마지막에 'S'가 하나 더 붙는다.)

▶ **H** - Hospitalization

호스피스 치료를 받으려면 우선 호스피스센터에 등록해야 한다. 이는 병원에 입원하는 절차와 유사하며, 말기 환자임을 증명하는 의사 진단서, 가족과 환자의 동의서, 사정의사 결정서가 필요하다.

▶ **O** - Organization

호스피스는 다학문적인 팀(Multidisciplinary Team)을 필요로 한다. 적어도 의사, 간호사, 성직자, 사회복지사와 자원봉사자로 구성된 호스피스 팀과 팀을 조정하고 관리하는 팀장(조정자)이 있어야 한다. 호스피스 활동을 하려는 사람은 이 팀의 일원으로 소속되어야 하고, 호스피스 사업을 하려고 하는 기관에서는 먼저 이러한 팀을 구성하여야 한다. 이 팀에 소속된 구성원들은 명목상의 팀원이 아닌 실제로 말기 환자와 가족을 돌보는 실무자여야 한다.

▶ **S** - Symptom control

호스피스 치료는 증상 조절을 위한 것이다. 말기 환자의 여러 가지 신체적 증상을 소설해 편안하게 해 주어야 하브로 신통제와 보소 약물을 사용하고 방사선 치료를 병행하기도 한다.

이를 위해 전문적인 호스피스 교육을 받은 숙련된 호스피스 의사와 호스피스 전문 간호사가 필요하다.

▶ **P** - Pychological support

환자의 가족이 겪는 현실 부정, 분노, 우울, 슬픔, 두려움, 불안, 염려 등 심리적인 어려움을 이해하고 그들의 이야기를 들어주며 그들이 희망을 가지고 의미 있는 삶을 살 수 있도록 도와주어야 한다. 이러한 심리적인 지지는 호스피스 인력이라면 누구나 할 수 있으나 특히 자원봉사자의 도움이 많이 필요한 영역이다.

▶ **I** - Individual care plan

같은 질병을 앓고 있는 환자라고 해도 개인에 따라 처해 있는 환경과 입장이 다르고 살아온 배경이 다르며 연령에 따라 성별에 따라 독특한 존재이므로 환자 개인의 요구에 따라 각각의 간호 계획을 세워야 한다. 간호 계획은 환자가 어디서 누구와 어떻게 남은 시간을 보내고 싶은지에 따라 달라진다. 그에게 남아 있는 시간을 어떻게 쓸지 결정하는 것은 전적으로 그 사람의 몫이기 때문이다.

▶ **C** - Communication

말기 환자 및 그 가족과 호스피스 팀원들 간에 의사소통이 원활해야 한다. 의사소통은 대상자와 치료적 관계를 맺게 해 주는 가장 기본적인 도구이다. 환자와 가족이 표현하고자 하는 것이 무엇인지 잘 이해하고, 특별히 환자가 죽음에 대해 이야기하고 싶어 할 때 이를 들어줄 수 있어야 한다. 죽음과 관련된 이야기는 환자가 자신의 상태에 대해 얼마나 인지하고 있느냐에 따라 달라지므로 호스피스 간호사는 이를 잘 파악하여 응대하여야 한다. 간호사뿐 아니라 모든 호스피스 인력은 효과적인 대인 관계 기법과 의사소통 기술을 공부해야 하고 상대방을 잘 배려해야 한다.

▶ **E** - Education & Research

호스피스 활동에 참여하는 모든 사람은 호스피스 교육을 받아야 한다. 호스피스 개념과 철학, 죽음에 대한 이해, 의사소통법은 물론이고 말기 환자와 가족이 처해 있는 특수한 상황과 이들을 돕는 세세한 방법들에 대해 직능별로 적절한 교육이 필요하다. 호스피스·완화의료의 수준 향상을 위하여 관련 연구가 꾸준히 이루어져야 한다.

▶ **S** - Spiritual care

영적인 보살핌을 의미한다. 눈에 보이지는 않지만 '영'은 모든 인간에게 있고, 또 인간에게는 영원을 사모하는 마음이 있다. 죽음이 가까울수록 환자들은 이러한 부분에 대해 관심을 가지게 되므로 성직자의 도움이 필요하다.

호스피스 팀의 업무와 역할

호스피스 팀의 주요 인력은 의사, 간호사, 성직자, 사회복지사, 자원봉사사와 팀의 조정사이다. 그 외에도 영양사, 약사, 물리 치료사, 음악 요법사, 미술 요법사 등이 있으면 도움이 된다.

호스피스 인력의 업무는 크게 기본 업무와 공동 업무, 고유 업무 등으로 나눌 수 있다.

호스피스 팀 회의에 참석해 보고하고 업무를 조율하며 각자의 활동 기록지를 작성하는 것은 호스피스 인력이라면 누구나 해야 할 기본 업무이다. 환자와 가족 및 유가족을 상담하고 위로하는 것은 호스피스 인력이라면 누구든지 언제든지 할 수 있는 공동 업무이다.

호스피스 인력은 각자의 전문 직종별로 전문적인 업무와 역할을 담당하게 되는데 이것이 고유 업무이다. 각 전문 직종별 고유 업무는 다음과 같다.

호스피스 조정자는 호스피스 팀 회의 주재, 팀 구성원 상담·교육·지지, 팀 제반 업무 조정 및 중재, 팀 운영에 필요한 규칙 및 행정 절차, 홍보 등에 대한 최종 결정 등 호스피스 사업의 전반적인 부분을 조정한다.

호스피스 의사는 환자가 말기 상태인지 확인 및 진단해 진단서를 작성하고 증상 조절을 위한 처방을 한다. 또 환자와 가족에게 환자의 상태를 설명하고 호스피스 팀 구성원에게 환자의 상태와 관련된 의료 정보를 제공하며 사망 진단서를 발급한다.

호스피스 간호사는 환자와 가족의 요구를 파악해 팀의 다른 인력에게 알려 주고, 전문적인 호스피스 간호 중재를 수행하며 제공된 서비스의 결과를 파악한다. 또 환자 가족을 지지하고 환자 수발과 관련해 자문을 해 주며 간호 보조 인력을 지도·감독·교육한다.

호스피스 성직자는 전문적인 영적 상담을 제공하고 종교와 관련된 제·예식을 집례하며 호스피스 팀 구성원을 대상으로 영적 지지 및 상담을 제공한다.

호스피스 사회복지사는 사회적 심리적 경제적 측면의 상담 및 필요

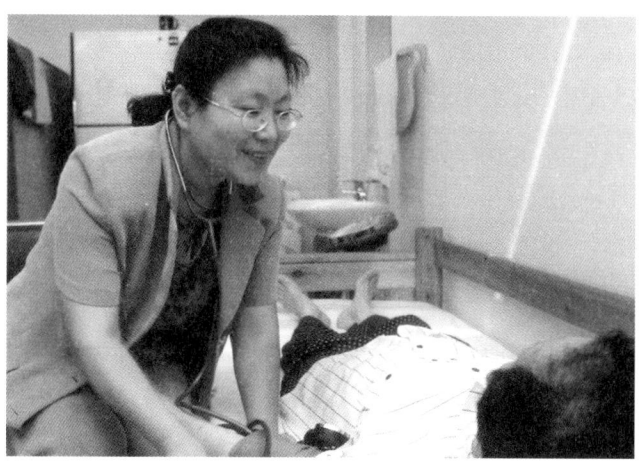
∷ 말기 암 환자를 방문해 이야기를 나누고 있는 필자. 호스피스 간호에는 환자와 환자 가족, 간호사 간의 원활한 의사소통이 필수이다.

한 사회 자원 체계를 연결해 준다.

자원봉사자는 가족을 대신하여 환자를 수발하고, 집안일을 보조하거나 심부름을 하기도 하며 때론 환자나 가족의 친구가 되기도 한다. 또 환자 정보를 호스피스 팀에 전달하고 홍보, 기금 모금, 문서 정리 등 다양한 간접 지원 활동을 한다.

호스피스 활동을 하고 싶다면 호스피스 기관에서 호스피스 팀 구성원으로 소속되어 함께 일해야 한다. 호스피스 팀 구성원이 되려면 건강해야 하고, 의사소통이 원활해야 하며, 사랑을 주고받을 수 있어야 하며 반드시 호스피스 교육을 받아야 한다.

의사, 간호사, 성직자, 사회복지사 등 전문 인력의 경우 해당 전문직 자격증과 최소 2년 이상의 임상 경험을 요구한다. 호스피스 기본 교육은 자원봉사자 교육으로 대치할 수 있고, 전문 교육은 기관에 따라 개별 교육 혹은 1년 과정의 전문가 과정을 이수하도록 하고 있다.

호스피스 전문 간호사가 되려면 보건복지부에서 선정한 교육 기관에서 석사 과정을 마친 후 자격 시험에 합격해야 한다. 호스피스 석사 과정을 교육하는 교육 기관으로는 이화여자대학교 임상보건과학대학원, 가톨릭대학교 임상대학원, 부산 가톨릭대학교 대학원, 경북대학교 의과대학 대학원, 충남대학교 의과대학 대학원, 전남대학교 의과대학 대학원 등이 있다.

호스피스 전문 간호사는 간호사 면허 소지자로서 학사 학위가 있고 호스피스 기관에서 3년 이상 혹은 종합 병원에서 6년 이상 근무 경력이 있어야 지원 자격이 있다. 이들은 일반 간호사 혹은 호스피스 간호사보다는 호스피스 영역에서 상급 업무를 수행하게 되며 호스피스 팀의 조정자 역할을 겸하게 된다.

자원봉사자가 되려면 소정의 교육 과정을 마치고 규정에 따라 호스피스 자원봉사 활동을 하면 한국호스피스협회에서 실시하는 호스피스 자원봉사 자격인증시험에 응시할 수 있으며, 이 시험에 합격하면 인증서를 발급해 준다.

더 많은 호스피스를 기대하며

보건복지부에서는 2003년 1월 말기 암 환자 호스피스 시범 사업을 공고한 후 가정형, 병동형, 산재형, 시설형 및 공공형 호스피스 기관 각 1개소씩 총 5개 기관이 시범 사업에 참여하도록 최종 선정하였고, 2004년에는 가정형 2개소와 병동형, 산재형, 시설형 각 1개소씩 5개 기관을 선정하였다. 또한 국립암센터를 호스피스 시범 사업 교육 기관으로 선정하고, 국립암센터 내에 호스피스·완화의료 지원 사업단을 구성하여 활동하게 하고 있다.

우리나라 호스피스 시범 사업은 국가 암 관리 사업의 일환으로 2003년 통과된 암 관리법 제 11조 말기 암 환자 관리 사업에 의거하여 추진된 것으로 대상자가 말기 암 환자로 제한되는 한계를 가지고 있다. 하지만 시범 사업이 성공적으로 수행되고 호스피스 보험 수가 체계가 개발되면 호스피스는 점차 제도적으로 기존 의료 전달 체계에 통합될 수 있을 것으로 전망된다.

우리나라 간호사들은 호스피스가 처음 소개된 시점부터 자원봉사자로서, 호스피스 간호사로서, 호스피스 팀의 조정자로서 그 역할을 상당 부분 담당해 왔다.

그동안은 민간 차원에서 단기 혹은 1년 과정의 호스피스 간호사 과정을 개설해 자격증을 부여해 왔지만 2004년도 3월 학기부터는 호스피스 전문 간호사 석사 과정이 전국 6개 대학원에서 공식적으로 시작되어 첫 자격 시험을 치르는 2007년부터는 호스피스 전문 간호사가 명실상부한 전문직으로 자리매김할 것이다. 또 현재 준비 중인 호스피스 보험 수가 체계 역시 시범 사업을 거쳐 비슷한 시기에 적용될 수 있을 것으로 본다. 따라서 2010년경이면 호스피스 전문 간호사를 중심으로 한 체계적인 호스피스 사업이 정착될 것이며, 직업으로서 호스피스 전문 간호사 역시 정착될 수 있으리라 기대한다.

한국 호스피스 계의 대모 - 최화숙 교수

우리나라 최초의 호스피스 간호사로 인정받고 있는 최화숙 씨는 17년간 700여 명이 넘는 말기 암 환자를 간호해 온 한국 호스피스계의 대모이다.

그녀가 호스피스 간호사로 활동하게 된 데는 석사 논문 지도교수였던 김수지 교수의 영향이 컸다. 국내 호스피스 분야의 개척자라고 할 수 있는 김수지 교수가 "당신이야말로 호스피스를 위해 준비된 사람"이라며 그녀에게 호스피스 간호사에 도전해 볼 것을 권유한 것이 결정적인 계기가 되었기 때문이다.

최화숙 씨가 호스피스 간호사에 도전한 1987년 당시만 해도 국내에는 호스피스 간호사에 대한 자격 기준 및 교육 과정이 전혀 없었다. 그녀는 미국 선교사이자 간호대학 교수로 있던 왕매련(미국명 Marian Kingsly) 교수로부터 4주간 하루 8시간씩 호스피스 교육을 받은 후 본격적으로 가정 호스피스 간호사의 길을 걸었다.

1992년 5월 이화여대에 가정호스피스센터가 생기면서 최화숙 씨는 조정자 및 책임간호사로 참여하며 호스피스 활동에 열성을 보였고, 교육과 연구 활동도 병행해 호스피스로 간호학 박사 학위를 취득했다.

호스피스 간호는 하루에 환자 두 명 정도만 방문해도 자신의 몸을 추스르기 힘들 정도로 많은 에너지가 소진되는 어려운 일이므로 호스피스 간호사는 정신적으로 굳건해야 한다. 또 생명을 존중하고 인간을 사랑하는 마음이 없으면 오래 지속하기 어려운 일이다. 그러나 그녀는 '아름다운 죽음'이라는 희망을 전하는 일에 의미를 부여하며 17년 동안 오직 한 길을 걸어올 수 있었다.

그동안 그녀는 수백 명이 넘는 환자들의 마지막 모습을 지켜봤다. 유방암 3기로 생을 마치며 마지막 순간까지 남편에게 가장 아름다운 모습으로 남기 위해 웨딩드레스를 입고 임종을 맞이한 환자, 1년만 더 살고 싶다고 애원하는 환자 등 마지막 모습도 천차만별이었다. 또 평생 바람을 피우다 위암 말기에 부인에게 용서를 구하고 떠난 환자, 죽기 전 마지막 일주일을 10년 전 이혼한 남편과 보내며 편안히 떠난 환자도 있었다. 아내에게 용서를 구할 용기를 주고, 이혼한 남편을 찾아 만나게 해 주는 일도 최화숙 씨를 비롯한 호스피스 팀의 임무였다.

수많은 죽음 앞에서 그녀가 느낀 결론은 잘 살아야 잘 죽을 수 있다는 것. 인간의 삶에는 항상 죽음이라는 한계가 있다는 것을 깨닫고 아름답게 살면 그만큼 아름답게 죽을 수 있다는 것이다.

그녀에게 아름답게 사는 삶은 호스피스 간호사로서 최선을 다하는 일이기에 오늘도 환자를 만나기 위해 길을 나선다. (글 : 임현주)

3장

더 나은 간호사의 세계

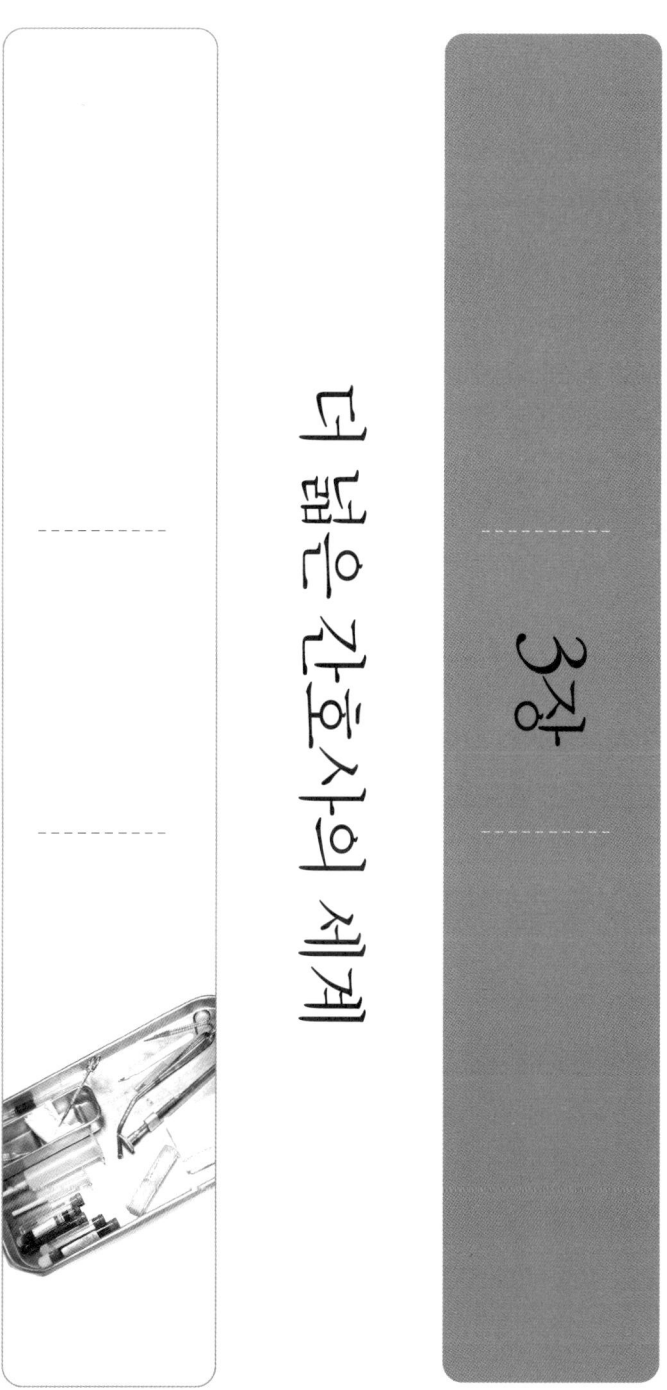

세상은 넓고
우리를 부르는 곳도 많다

| 김지연 |

1974년 서울 출생. 1998년 서울대학교 간호학과를 졸업하고 1999년부터 2001년까지 서울국립대학 병원(서울대병원) 응급실 간호사로 일했다. 이후 의료 관련 회사에서 웹 기획자로 2003년까지 근무했다. 미국 간호사 자격 시험과 유학을 함께 준비하던 중 2004년 3월 30일 미국 간호사 자격(Nclex-RN) 시험에 합격해 자격증을 취득했다.

'세상은 넓고, 할 일은 많다.'

출간되자마자 베스트셀러가 됐던, 한때는 대학생의 필독서이기까지 했던 모 재벌 회장의 책 제목이다. 그러나 책에 열광하던 젊은이들이 무색하게, 몇 년 후 그 책의 저자는 나라 경제를 휘청이게 하고 이 나라를 뜨더니, 현재까지도 도피 중이다. 지금은 차라리 '세상은 넓고 숨을 곳은 많다.'는 우스갯소리가 진실에 더 가까워 보인다.

하지만 나는 퇴색한 이 문구에서 개척자적인 도전 정신만을 뽑아내어 다시 한 번 우리 간호사들에게 던지고 싶다. 왜냐하면 세계는 넓고, 간호사를 부르는 곳은 많기 때문이다.

내가 해외 간호사가 되려는 이유의 9할은 사실 간호사와는 상관없었다. 그저 이 좁은 땅덩어리에서 아등바등 살기 싫다는, 한마디로 '이나라를 뜨고 싶다.'는 부정적인 생각에서 출발한 것이었다. 그렇지만 미국 간호사 자격증 취득을 본격적으로 준비하면서 '미국'이라는 나라는 제쳐두고라도 미국에서 '간호사'라는 직업이 꽤 매력적이라는 걸 깨닫게 됐다. 일단 임금 수준이 괜찮다. 병원의 규모나 간호사 경력에 따라 차이가 있지만 대체로 1년 경력자의 경우 첫 연봉은 2만 8000달러에서 6만 달러로 비교적 높다. 더불어 국민들도 간호사를 전문직으로 인정해 줄 뿐 아니라 사회에서 없어서는 안 될 중요한 직업으로 인식하고 있다고 한다. 미국의 한 여론조사에서 2001년 가장 신뢰할 수 있는 직업인으로 간호사가 선정되었다는 것은 이런 미국인의 인식을 반영한다. 참고로, 2000년도에는 약사였으며 2002년에는 소방수였다. 또 미국 노동통계국(BLS)은 오는 2012년까지 임금 수준이 상위 50%에 해당하고 일자리가 가장 많이 창출될 유망 직업 20종을 발표했는데, 그 1위가 간호사였다. (대학교수, 일반 관리자, 도매·제조업 세일즈맨, 트럭 운전사, 중장비 기사가 그 뒤를 이었다.) 한국 간호사들이 그 전문성에 비해 한참 떨어지는 간호사에 대한 사회 인식 때문에 자주 좌절해야만 했던 점을 비추어 보면 분명 매력적이지 않을 수 없다.

그러나 무엇보다도 이 시점에서 미국 간호사가 우리 간호사들에게 현실적으로 다가오는 이유는 미국에서의 간호사 부족 현상이 해가 거듭될수록 심화되고 있으며 당분간 나아질 기미가 안 보인다는 현실에 있다.

Hospital Association은 2003년 현재 미국에는 12만 6000명의 간호사가 부족하며(이는 전체의 약 12%에 해당), 이러한 부족 현상은 10년 내에 3배(37만 8000명)에 이를 것으로 예측하고 있다. 미국 내 간호사 부족 현상의 원인은 여러 가지가 복합적으로 연관되어 있겠지만 우선 현장 간호사의 노령화와 간호대학 학생의 감소를 가장 크게 꼽고 있다. 현재 미국 간호사의 평균 연령은 45세이다. 10년 후 미국 간호사 중 50세 이상의 간호사가 전체의 40% 이상을 차지하는 것이다. 거기에 미국 여성들이 과거보다 편안함이 보장되는 전문직을 더욱 선호하고 있어 미국의 기준으로 힘들게 일해야 하는 것에 비해 보수가 적다고 여겨지는 간호직으로 진출하는 여성의 수가 점차 감소하는 것 또한 주요한 원인이라 할 수 있다.

이러한 간호사 부족 현상으로 인해 미국 내 대형 병원에서도 다른 나라의 우수한 간호 인력을 유치하려고 적극적인 노력을 기울이고 있다. 이에 부응해 한국산업인력공단과 같은 우리나라의 정부 기관에서도 다양한 프로그램을 통해 한국 간호사의 해외 취업을 장려하고 있다.

NCLEX-RN, 미국 간호사 자격 시험

"미국 내 병원에서 요구하는 조건은 조금씩 다르겠지만 공통적인 요구 조건은 적어도 2년 정도의 임상 경력이 있는 한국 간호사로서 영어로 의사소통이 가능한 미국 간호사 자격증 취득자이다."

한마디로 미국 간호사가 되고 싶다면 미국 간호사 자격증을 취득해야 한다. 미국 간호사 자격 시험 NCLEX-RN/CAT는 National Council Licensure Examination for Registered Nurse/Computerized Adaptive Testing의 약자로 미국 내에서 간호사로서 일할 수 있는 능력을 가진 사람을 선별하기 위하여 치르는 국가시험이다.

미국 간호사 시험에 도전하기로 마음먹었다면 이제 본격적인 준비 과정을 살펴보자.

NCLEX-RN 응시 접수

미국 간호사 시험을 준비하는 많은 수험생들이 처음으로 맞닥뜨리는 난관이 바로 서류 접수다. 나는 미국 간호사 준비생들이 모여 있는 인터넷 카페에서 얻은 정보와 이화여대 조교의 도움으로 별 어려움 없이 서류 접수를 진행시켰다.

뉴욕 주 시험 응시 서류는 총 3곳으로 보내진다. 우선 N.Y. state board(면허 발급 기관), 다음으로 CGFNS. CGFNS는 서류 심사 기관으로 보통 이곳에서 서류를 심사하는 기간이 3~6개월로 가장 많은 시간이 소요된다. 마지막으로 NCS 피어슨에서는 수험표(ATT)를 발급한다. 서류 심사에서부터 수험표(ATT)를 받기까지 6~8개월이 소요되므로 공부를 시작하면서 미리 응시 서류를 작성해 접수하는 것이 좋다.

내 경우에는 8개월이 되어도 소식이 없어 직접 N.Y. state board로 전화를 해 내 서류 접수 진행 상황이 어떻게 되는지 떠듬거리는 영어로 물어봤다. 그랬더니 5분 만에 바로 수험표(ATT)가 이메일로 와 있는 것이 아닌가. 문제는 원서 심사 진행 속도가 접수 일자와 상관없이 이루어진다는 데에 있다. 따라서 수험표(ATT)가 이유 없이 늦어진다면, 이메일 우편 다 필요 없다. 그냥 전화 한 통 하면 바로 보내준다. 하지만 서류 때문에 이것저것 고민하고 싶지 않다면 수수료를 부담하고 서류 대행을 의뢰하면 된다.

수험표(ATT)를 받자마자 피어슨 사이트에 들어가 그달 마지막 날로 시험 날짜를 잡았다. 왜냐하면 그 다음 달부터 시험 커트라인이 65점에서 70점으로 올라간다는 '비보'를 접했기 때문이다. 그래서 항상 정보는 중요하다. 시험 장소는 사이판으로 정했다. 사이판에 한국인이 운영하는 호텔(규모는 모텔 정도)이 있고, 항공권만 구하면 이 호텔 사장님이 시험을 보러 오는 간호사들에게 혼란 없이 시험을 치르고, 저렴하게 관광할 수 있도록 일정을 꼼꼼히 챙겨 주신다는 입소문을 들었기 때문이다. 나중에 알게 된 일이지만 괌 역시 시험을 보러 오는 간호사의 상황에 맞게 도움을 주는 여행사가 있다고 하니, 괌이든 사이판이든 어렵지 않게 시험을 치를 수 있을 것이다.

사이판에서 시험 보기

남들에겐 꿈의 휴양지로 알려진 사이판에 시험을 치러 간다고 했더니 몇몇 친구는 경악을 금치 못했지만, 나는 오히려 시험을 후딱 해치우고 짧게나마 관광을 즐긴다면 그보다 더한 시험 뒤풀이가 없을 거라는 계산을 이미 마친 상태였다. 그래서인지 시험에 대한 중압감 못지않게 설렘도 있었다.

내가 시험을 치는 시기는 평소보다 2~3배 많은 간호사들이 몰렸다. 다음 달부터 시험 유형의 변화와 커트라인이 올라간다는 소식 때문이었으리라. 오전 7시, 정오, 오후 5시의 시험 스케줄 중 나는 정오에 시험을 치르게 되었다. 그날 새벽 사이판에 도착해 잠깐 눈을 붙이고, 호텔 사장님이 데려다 주신 시험장으로 도착했다. 시험장은 커피숍처럼 아담하면서 깔끔했다. 나와 함께 시험을 치르는 한국인 간호사는 15명이 넘었는데, 모두들 긴장한 모습으로 확인 절차를 밟고 수험장 안으로 들어섰다. 수험상 안에는 총 스무 개 남짓한 자리가 있었고, 각자의 자리에는 컴퓨터가 놓여 있었다. 너무 떨려 청심환을 먹고 왔다는 수험생들을 보면서 '그렇게 떨리나' 하며 속으로 피식 웃은 나도 컴퓨터를 보니 순간 긴장이 됐다. 돈 많이 들여 비행기 타고 멀리까지 와서 시험을 보는데 떨어져서는 안 된다는 중압감이 순간 느껴졌기 때문이다.

하얀 모니터로 한 문제씩 문제가 나오기 시작했다.

'이런~ 모르는 유형의 문제들이다!'

순간 당황했지만 긴장을 풀고 머리에 차곡차곡 쌓아놓은 간호 지식들을 헤집으며 문제를 풀기 시작했다. 다행히도 중반 이후부터 그렇게 기다리던 '족보'가 나오기 시작했다. 75문제를 풀고 나니 모니터가 순간 꺼졌다 다시 켜졌다. 시험이 끝난 것이다. 보통 터무니없이 답을 계속 틀리거나, 또는 커트라인보다 높은 점수가 나오면 총 75문제로 시험이 끝난다. (합격과 불합격 여부를 비교적 빨리 판단할 수 있기 때문이리라.) 최악의 경우는 총 시험 시간 5시간 동안 끝도 없이 나오는 시험 문제를 풀어야만 하는 거다. 응시자의 점수가 마지막까지 커트라인 근처를 헤매면 그렇단다. 나는 1시간 30분 정도의 비교적 짧은 시간으로 시험을 마쳤다. 나와 함께 시험을 보았던 간호사들 중 몇 명은 5시간 내내 문제를 풀었는데, 시험을 다 치르고 나온 그들은 한결같이 절대 우습게 볼 시험이 아니라며 혀를 내둘렀다.

시험 친 당일은 숙소에서 궁싯대다 다음날 제트스키, 스노쿨링 등의 해양 스포츠를 화끈하게 즐긴 후 3박 4일의 일정을 끝내고 다음날 서울로 돌아왔다. 그리고 일주일 후 우편으로 '합격'이라는 짤막한 문장이 있는 편지를 받으면서 미국 간호사 시험의 모든 과정을 마무리했다.

자신에게 맞는 공부법을 찾아라

최소 6개월의 정석 코스

대부분의 수험생들이 선택하는 방법은 이화여대, 경희대 등의 간호대학이나 간호사 수험 준비 학원에서 마련하고 있는 NCLEX 준비 과정을 수강하는 것이다. 이 과정은 보통 이론과 문제 풀이 과정을 포함해 6개월 과정이 대부분으로, 시간적인 여유가 충분하고 경제적으로도 여유가 있는 수험생이거나, 혹 기초부터 탄탄히 다져 가고자 하는 수험생에게 적합하다.

강의 형태는 직접 학교나 학원에 나가 강의를 듣는 경우가 대부분이지만 시간과 장소에 상관없이 공부하고자 한다면 학교나 학원에서 제공하는 테이프를 활용할 수도 있다. 이론 교재로는 주로 AJN과 SOUNDERS를 쓰고 있다. 강의와 더불어 수강생끼리 혹은 인터넷에서 뜻 맞는 수험생끼리 스터디 모임을 만들어 부족한 부분을 서로 보충해 주면 도움이 된다.

최단기간 홀로 공부하기

쉽게 말하면 학원도 다니지 않고, 스터디도 하지 않는 '나홀로 공부' 형태이다. 장점은 비용이 비교적 적게 든다는 점과 자신의 의지에 따라 2~3개월 등으로 공부 기간 단축이 얼마든지 가능하다는 점이다. 더불어 움직이기 싫어하고 한 곳에 박혀서 공부하기를 좋아하는, 딱 나 같은 사람에게 맞는 스타일이다.

나는 돈과 시간을 아끼기 위해 이를 악물고 3개월 본격 시험 준비 체제로 돌입했다. 직장을 그만둔 상태라 모든 시간을 시험 준비에 온전히 투자할 수 있었다. 일단 기본 교재인 AJN을 독파하기로 했다. 내 생각보다 이해하기가 쉽지 않아 학원 강의 테이프를 사서 들었다. (학원 강의 테이프는 미국 간호사 수험생들이 모인 인터넷 카페 벼룩시장에서 아주 저렴하게 구할 수 있다.) 그리고 어려운 부분 특히, 심장내과나 호흡기내과의 경우 강의 테이프를 듣고 완벽하게 이해하고자 했다. 부족한 부분은 SOUNDERS를 참고하며 정독하는 데에 약 두 달을 소비했다.

이제 겨우 한 달이 남았다. 이미 시험 날짜를 잡아놓은 상태라 연기란 있을 수 없다고 생각하고 마지막까지 속도를 올렸다. (나중에 알고 보니 만약 수험생이 만석이 아니라면 3개월 정도는 일정 연기가 가능하다고 한다.) 어쨌든 남은 한 달 MOSBY를 두 번 정독하고 나머지 2주 동안 족보를 파헤치기 시작했다. 여기서 족보라 함은 기출 문제로 이미 시험을 본 수험생들의 기억력에 의해 복원된 문제들이다.

처음 족보를 접했을 때 나는 좌절했다. 문제가 만만하기는커녕 얼추 비슷하게 유추해 답을 찍을 수조차 없었기 때문이다. 그래서 이화여대 간호대학에서 토요일마다 열리는 족보 강의를 수강했다. 이 강의는 총 3개월 동안 토요일마다 4시간 정도씩 족보 문제 풀이를 하는 것인데 3개월 수강비를 한꺼번에 내는 것이 아니라 들을 때마다 수강 등록을 하는 것이라 제약 없이 자기 스케줄대로 들을 수 있다는 장점이 있다. 시험을 준비하면서 족보부터 본 꼴이라 거의 대부분 불러주는 답을 그저 열심히 동그라미 치다 오곤 했지만, 시험 유형과 핵심을 미리 알고 공부할 수 있어 도움이 많이 되었다.

이때 해당 단원의 복습은 필수이다. 교재에 부록으로 붙어 있는 문제 CD도 풀 수 있는 만큼 풀어 보는 것도 빼놓지 말자. 컴퓨터 모니터를 통해 문제를 읽고 시험 치는 방식에 익숙해지는 것이 반드시 필요하기 때문이다.

홀로 공부하는 것은 안전하지만 탄탄하고 쭉 뻗은 길이 아니라 난관이 도사린 지름길이라 중간중간 끊임없는 '나태' 혹은 '불안감'과 싸워야 한다. 결국 혼자서도 훌륭하게 치러 낼 자신이 있는 수험생에게만 권하고 싶다. 자신감이 무엇보다도 중요하기 때문이다. 그렇다면 노력 여하에 따라 3개월이 아닌, 2개월 혹은 한 달 만에도 끝낼 수 있을 것이다.

NCLEX-RN 조금 더 자세히 알기

미국 간호사 시험의 출제 범위는 간호 과정(Nursing Process)과 대상자 요구(Client Needs)로 나눌 수 있다. 주로 통합적 사고를 요구하는 문제들이 출제되고 있으며, 실무에 근거를 둔 실질적인 환자 교육, 간호 행위 결정을 하기 위한 우선 순위에 초점을 맞춘 질문들이 많다.

1) 간호 과정(Nursing Process) 측면

   분석(Assessment) 20%

   사정(Analysis) 20%

   계획(Planning) 20%

   수행(Implementation) 20%

   평가(Evaluation) 20%

2) 대상자 요구(Client Needs)

　환경에 대한 안전하고 효과적인 간호(Safe-Effective Care Environment) :
　　12-24%

　건강 유지, 증진(Health Promotion and Maintenance) : 12-24%

　정신사회적 통합성(Psychosocial Integrity) : 10-22%

　신체적 통합성(Physiological Integrity) : 36-60%

NCLEX-RN 시험은 문항마다 점수의 가중치가 다르다. 개인 실력에 따라 최저 75문제부터 최고 265문제까지 풀게 되며 시험 시간은 5시간 이내. 합격 기준은 전체 점수의 65% 정도를 맞추면 된다. 최근까지 컴퓨터와 모니터, 마우스를 이용해 문제를 풀고 있으나 조만간 CST로 시험 형식을 전환할 계획이다. CST는 Computerized Simulation Testing의 약자로 가상 임상 테스트이다.

미국 간호사 면허를 따기 위해선 먼저 어느 주의 면허를 딸 것인지를 정해야 하는데 각 주마다 자격 요건이 다르다. 예를 들어 캘리포니아 간호사 시험에 응시하기 위해서는 우리나라의 주민등록번호와 같은 Social Security Number가 있어야 하는 등이다. 그러나 뉴욕 주는 주 간호사 면허를 취득하는데 이런 절차나 신분상의 제약을 두지 않으므로 한국에선 주로 뉴욕 간호사 면허 시험을 치르게 된다.

참고할 만한 사이트

- 뉴욕 주 시험 안내 http://www.op.nysed.gov
- National Council State of Boards of Nursing : http://www.ncsbn.org
- 국내 미국 간호사 수험 준비 학원 http://www.usanclex.co.kr

02   언더라이터

벌레 먹은 사과,
어디까지 도려낼까?

| 권명순 |

1976년 서울 출생. 연세대학교 간호학과를 졸업하고 2000년 2월부터 2001년 8월까지 영동 세브란스 병원 내과 병동에서 근무했다. 2002년 교보생명 언더라이팅 팀에 입사해 지금까지 언더라이터로 일하고 있다.

나는 새로운 사람을 만날 때마다 내 직업을 설명하는 데 많은 시간을 할애해야 한다. 명함을 건네고 나면 항상 "보험 회사에서 일하시네요. 어, 그런데 언더라이터가 뭐예요?"라는 질문이 되돌아오기 때문이다. 대학에서 간호학을 전공했다거나 임상 간호사로 일했다거나 하는 사실까지 알게 되면 이야기는 더욱 복잡해진다. "병원에서 일하지 않고 왜 보험 회사에서 일하세요?" "그 좋은 전문직을 왜 그만두셨어요?" 등의 질문이 끊이지 않는다. 이런 상황은 소개팅 자리에서도 계속된다. '언더라이터'가 어떤 일을 하는지 얘기하다 보면 소개팅인지 직업 탐구 시간인지 모호할 정도가 된다. 일반인들뿐만 아니라 같은 업종인 금융권에서 일하는 사람들도, 심지어는 보험 회사에서 일하는 사람들도 '언더라이터'란 직업에 대해서는 잘 모른다. 그만큼 세상에 알려

지지 않은 직업이다.

하도 같은 질문을 여러 번 받다 보니 언제 어디서나 준비된 대답을 할 수 있게 되었다. "언더라이터가 뭐예요?"라는 질문이 떨어지자마자 "벌레 먹은 사과를 어느 정도 도려내야 되는지 결정하는 일입니다."라는 비유로 시작해 "보험은 들었나요?"라는 마무리까지.

언더라이터(UnderWriter)는 언더라이팅(UnderWriting), 즉 보험을 심사하는 일을 하는 사람을 일컫는다. 이 직업은 보험 회사에만 있는 특수한 분야이다.

보험 가입 및 보험금 지급에는 일정한 절차가 있다. 우선 보험 가입 희망자가 있을 경우 직접 보험 회사에서 방문해 사실을 조회하는 '적부' 과정을 통해 보험 가입을 승인한다. 이때 보험 가입 희망자를 직접 방문해 사실을 조회하는 이도 넓은 의미에서 보험 심사원에 속한다. 또 보험금을 지급할 때 병원 진단서나 진료 내용을 확인하고 보험금 지급이 합당한 것인지 판단하는 업무를 하는 이도 보험 심사원이다.

하지만 언더라이터의 보험 심사는 이와는 좀 다르다. 언더라이터는 보험 설계사를 통해 접수된 청약서를 검토해 보험 가입을 승인할지 말지, 승인한다면 어떤 조건으로 승인할 것인지를 결정한다.

보험은 일종의 계와 같다. 똑같은 돈을 내는 계원(가입자)들에게 공평해야 한다. 흡연자와 비흡연자가, 암에 걸린 경험이 있는 사람과 건강한 사람이 동일한 조건으로 계약하는 것은 공평하지 않다. 바로 이런 차별을 적용해 모든 보험 계약자들이 공평한 조건으로 보험을 가입할 수 있도록 하는 것이 바로 언더라이터의 주요 업무이다. 그래서 간암에 걸린 사람이 암 보험에 가입하려 할 때 심사를 통해 보험 가입을 거절할 수 있다. 또 오토바이를 타는 사람은 사망 보험금이 다른 사람들보다 적도록 제한하기도 한다.

예전에는 간단한 심사만 거치고 보험 계약을 체결하는 경우가 많았다. 언더라이팅 부서가 생기기 전에는 '계약 심사과'에서 계약서를 확인하고 자필 서명을 확인하는 선에 그치는 정도였던 것이다.

하지만 보험 종류가 많아지고 질병이 다양해지면서 보험 회사에서는 심사 과정이 중요한 업무로 대두되었다. 보험금 지급을 두고 가입자와 회사 간에 분쟁이 잦아지고, 여기에 보험금을 노린 보험 사기가 등장하면서 보험 시장의 판도는 변했다. 무조건 많은 가입자를 받아 많은 보험금을 지급하는 것보다는 정확한 심사를 거쳐 불필요한 지출을 막는 것이 중요하게 된 것이다. 정확한 보험 액수를 제시해 한 사람에게 부당하게 보험금이 돌아가지 않게 하면 보험 회사 입장에서는 손실을 줄일 수 있다. 또 보험 가입자 입장에서도 자신의 건강 상태에 따라 보험금이 결정되고, 자신이 낸 보험금이 불필요하게 낭비되지 않아 좋다. 그래서 형식적인 심사 과정이 아닌 전문적인 영역, 즉 의학적인 지식을 갖춘 이들이 필요하게 되었다. 물론 보험 회사마다 '사의'(社醫)라고 불리는 담당 의사가 의학적인 조언을 하지만 한 사람의 사의가 모든 심사에 대해 조언하는 것은 쉽지 않다. 이런 문제점을 보완하기 위해 보험 회사마다 간호사를 언더라이터로 채용하게 된 것이다. 현재 각 보험 회사의 언더라이팅 팀에는 간호사 출신이 4~5명씩 일하고 있다.

언더라이팅 그 자체가 보험이다

나는 2000년 연세대학교 간호학과를 졸업한 후 영동 세브란스 병원

내과 병동에서 임상 간호사로 출발했다. 그러나 얼마 지나지 않아 병원 현실은 내가 생각했던 '간호'와 많은 차이가 있다는 걸 깨닫게 되었다. 가장 큰 문제는 하루에 20~30명의 환자를 돌봐야 하는 것. 그렇게 많은 환자를 돌보면서 제대로 된 간호를 하기란 사실상 불가능했다. 환자 상태를 살필 겨를도 없이 주사와 약을 전달하는 데에도 시간이 부족했기 때문이다. 또 하나 나는 '간호사'에 적합한 자질이 아니라는 자괴감에 시달렸다. 간호사는 주사를 놓는 일부터 시작해 무엇보다 빠른 손놀림이 필요한데 나는 다른 사람들에 비해 손놀림이 느린 편이라 애로 사항이 많았다.

난 아무런 대책 없이 과감히 사표를 던졌다. 돌이켜 보면 견딜 수 있는 일이었고, 제대로 된 간호사가 되기 위해 견뎌야 하는 과정이었다는 생각도 들지만 당시엔 '이 일 아니면 할 일이 없겠냐.' '이 일 빼놓고는 다 할 수 있다.'는 오기뿐이었다.

막상 사표를 내고 사회로 나오자 정말 할 일이 없었다. 간호사 면허가 필요한 다른 분야도 대부분 임상 경력 3년 이상으로 자격 조건을 내걸어 1년 남짓한 임상 경험으로 지원할 수 있는 곳은 많지 않았다. 그러다 학교 취업 사이트를 통해 교보생명에서 간호사 출신 언더라이터 5명을 채용한다는 정보를 알게 됐다. 다행히 임상 경력 1년 이상이면 지원할 수 있었다. 처음엔 좀 망설였다. 졸업 전 담당 교수와의 면담에서 임상 경험을 쌓은 후 행정직에서 일하고 싶다고, 그 중에는 언더라이터도 포함되어 있다고 했더니 교수는 행정 업무를 하게 되면 의학 지식이 축적되지 않는다며 행정직의 위험성을 강조한 적이 있었기 때문이다. 그러나 다시 임상 간호사로 일할 용기가 나지 않았고, 이미 임상이 아닌 다른 길을 선택한 상황이었다. 난 교보생명에 지원해 40대

1의 치열한 경쟁을 뚫고 합격했다.

  합격 후 한 달간 보험 이론, 보험 회사 구조 이해, 영업장 방문 등 보험 업무 전반에 관한 교육을 받았다. 보험 회사에서 일상적으로 쓰이는 약관, 피보험자, 계약자, 청약서 등의 용어는 임상 간호사로 일했던 나에겐 너무나 생소해 말뜻을 이해하는 데도 많은 시간이 걸렸다. 입사 초반에는 주로 회사 지정 병원에서 진단을 받고 신청한 보험을 주로 심사하며 실무를 익혔고, 심사 업무에 익숙해지면서 본격적으로 일반 보험을 심사하는 업무를 담당하게 되었다.

  2년차 언더라이터인 내가 한 달 동안 심사해야 하는 보험은 평균 1500~1600건 정도. 현재 6개 영업소(영업소마다 평균 10개의 지점이 있다.)의 보험 계약 심사를 담당하고 있다. 영업소에서 회사 프로그램을 이용해 각 설계사가 받은 보험 청약서를 스캔해서 올리면 이 자료를 검토하는 것으로 심사를 시작한다. 심사 과정과 규칙은 보험 회사마다 다르기 때문에 프로그램의 보안 유지가 필수이다. 때문에 회사에서만 프로그램에 접속할 수 있다.

  보험 청약 후 한 달 이내에 결과가 나오지 않으면 보험 계약은 자동으로 취소되므로 보험 심사는 신속하면서도 정확하게 이루어져야 한다. 청약서 내용에 아무런 문제가 없는 경우도 있지만 개중에는 확인이 필요한 사항이 반드시 있기 마련이므로 심사 과정은 고도의 집중력을 필요로 한다. 특히 암에 걸려 완치 판정을 받은 경우라면 심사 과정은 매우 복잡해진다. 암에 걸린 경험이 있다고 해서 보험 가입을 무조건 거절하는 건 무능한 언더라이터이다. 어느 정도의 암이있는지, 재발률은 어떤지에 대해 면밀하게 검토한 후 가장 적합한 판단을 내려야 한다. 바로 이 판단의 과정에서 언더라이터의 전문적인 능력이 발휘된다.

가장 쉬운 방법은 청약자 본인에게 직접 물어보는 것이다. 하지만 본인들도 자신이 어떤 진단을 받았는지 정확하게 알고 있는 경우는 드물다. 대부분의 병원에서 환자에게 정확한 설명을 하지 않기 때문이다. 가장 정확한 방법은 진단서와 진료 기록을 요청하는 것이다. 서류가 도착하면 의학 서적을 동원해 악성인지 양성인지, 재발 가능성은 어느 정도인지를 빠르게 판단해 가입 여부 및 지급할 보험금의 액수를 조절해야 한다. 이때가 언더라이터에게 가장 피가 마르는 순간이다.

보험 계약을 한 사람 중에는 병력을 속이는 경우도 있다. 얼마 전 다래끼로 일주일 동안 병원 치료를 받았다고 기입된 청약서를 심사했다. 가벼운 질환으로 일주일씩이나 치료를 받았다는 것이 의심스러워 진단서를 요청해 확인했더니 다래끼가 아니라 종양이었다. 종양이라고 말하면 보험 가입에 불리할까 봐 가입자가 사실을 속인 것이다. 이런 일은 비일비재하다. 그래서 언더라이터들은 자신의 일을 '벌레 먹은 사과를 도려내는' 것으로 표현한다.

심사가 끝났다고 해서 언더라이터의 업무가 끝인 것은 아니다. 보험 심사가 끝나고 계약이 체결된 후 보험증권이 계약자에게 나갈 때에도 언더라이터의 확인을 거쳐야 하며 보험금 지급 과정에도 언더라이터의 협조가 필요하다. 영업장에 나가 설계사를 교육하는 것도 중요한 업무 중 하나이다. 설계사들 중에는 가입자를 한 명이라도 늘려야 한다는 일념으로 계약자가 질병이 있어도 없었던 것으로 처리하는 경우도 많다. 설계사들에게 '언더라이팅' 업무에 대해 잘 이해시키고 교육시키는 것이 그래서 필요하다. 설계사들의 인식이 바뀔수록 심사 업무도 줄어들 것이기 때문이다. 회사 내 업무 매뉴얼을 만드는 것도 언더라이터가 하는 일이다. 심사에서 자주 접하게 되는 질병은 따로 정리하고, 각

:: 사무실에서 매뉴얼을 검토하고 있는 권명순 씨. 언더라이터 업무는 보험 심사에서부터 보험금 지급, 매뉴얼 작성, 설계사 교육에 이르기까지 매우 다양하다.

질병마다 어떻게 조사해야 하는지 정리하는 작업도 정기적으로 한다. 나는 주로 이 업무를 담당해 2년간 세 권의 매뉴얼을 만들어 냈다. 이처럼 언더라이터의 일은 보험 업무 전반에 걸쳐 있다. 그래서 "언더라이팅은 보험 업무의 일부가 아니라 그 자체가 보험이다."라는 말도 생겨났다.

최근에는 영업소 보험 심사 이외에도 홈쇼핑을 통해 가입한 고객의 보험 심사 업무도 담당해 더욱 바빠졌다. 홈쇼핑 보험 심사는 청약서 검토 이외에도 전화 상담원과 고객 사이 오간 대화들을 녹음한 테이프를 청취하며 가입 과정에 문제가 없는지 확인해야 한다. 운이 좋으면 10분 만에 끝나는 경우도 있지만 1시간 이상 대화가 진행되는 경우도 있어 심사하는 데 물리적으로 많은 시간이 필요하다. 계약이 집중되는 월말에는 심사 건수도 함께 증가해 보통 시간 외 근무(야근)를 하게 되는 경우가 많다.

꼼꼼함과 정직함으로 승부하라

언더라이터가 보험을 거부하는 건수와 받아들이는 건수, 그리고 그에 따라 보험금이 지급되는 건수 등은 아주 상세하게 통계 수치로 평가된다. 때문에 회사 생활은 긴장감의 연속이다. 그러나 나는 언더라이팅이 적성에 맞는 일이라 매우 만족하고 있다. 지난해에는 언더라이터들을 대상으로 한 논문 공모전에 응모해 은상을 받기도 했다.

회사에서 함께 근무하고 있는 언더라이터는 총 50명. 그 중 간호사 출신은 나를 포함해 3명이다. 업무를 하다 보면 동료들에게 다양한 의학 관련 질문을 받게 된다. 그럴 때마다 아는 것은 자세히 설명해 주고 모르는 것은 의학 서적을 찾아 가며 함께 해결해 나가야 한다. 병원에서 임상 간호사로 일할 때는 병이 왜 생기는지, 어떻게 진행될 것인지 고민할 여유조차 없이 주어진 업무를 하기에도 바빴지만 언더라이터로 일하면서 병에 대해 진지하게 고민하는 시간이 더 많아진 것이다. 걱정했던 것과는 달리 병원에서 일할 때보다 더 많은 의학 지식을 쌓게 된 것이 나에겐 큰 보람이다.

작년에는 외국의 유명한 의사에게 교육을 받는 기회도 얻었다. 언더라이터는 외국에서 먼저 만들어졌고, 그만큼 전문 지식이 축적되어 있으므로 교육을 받으면서 보험 및 의학 지식에 대해 많은 것을 배울 수 있었다. 교육을 마칠 즈음 나는 강사에게 외국에도 간호사가 언더라이터로 진출하는 경우가 많은지 질문했다. 강사의 대답은 'NO'였다. 외국의 경우 간호사가 전문 직종으로 인정받기 때문에 굳이 언더라이터로 전환할 필요성을 느끼지 않으며, 또 간호사는 기본적으로 환자에게 마음이 약해지므로 심사 과정에서 객관적인 평가를 내리기 어려워 보험 회사에서도 간호사를 선호하지 않는다는 것이었다.

이 말을 듣고 나도 심사 과정에서 피보험자에게 약한 모습을 보인 적이 있는지 되돌아보았다. 고민의 결과는 'NO'였다. 언더라이터이기 이전에 간호사라는 생각으로 일에 임하는 것은 사실이지만 심사 업무에서 객관성을 잃은 적은 없다. 다만 질병이 있는 가입자와 전화 통화를 하게 될 때에는 왜 보험 가입이 어려운지 자세히 설명하고 더불어 병의 상황을 정확히 알려 주는 데 최선을 다할 뿐이다. 지금 이 사람에게 필요한 것은 보험이 아니라 정확한 치료라는 판단이 들어서이다.

언더라이터라고 다 같은 건 아니다. U1부터 U5까지 다양한 단계가 있다. 현재 나는 U2 과정을 밟고 있다. 단순히 경력에 따라 진급되는 것이 아니라 각 단계마다 시험을 치르고, 그 시험에 합격해야 진급할 수 있다. 나는 필요에 의해 영어 공부도 열심히 하고 있다. 영어 실력만 갖추면 외국계 보험 회사로 진출하는 것도 가능하기 때문이다. 실제로 동료들 중에는 외국계 회사로 옮기거나 다른 회사로 스카웃되는 경우도 많다. 여러 가능성을 열어 놓고 능력 있는 언더라이터가 되기 위해 최선을 다하고 있다.

언더라이터는 꼼꼼함과 정직함을 갖춘 사람이라면 누구나 도전해 볼 만하다. 거기에다 의학 지식을 겸비한 간호사라면 더할 나위 없을 것이다. 언더라이터로 보험 회사에 입사할 때는 근무 조건과 자격 조건을 꼼꼼히 따져 봐야 한다. 임상 간호사 경력이 있으면 생명보험 회사든 손해보험 회사든 모두 취업이 가능하며, 경력 2년에 연봉 3000만 원 정도이며 주 5일 근무로 근무 조건도 나쁘지 않다. 언더라이터는 안정적인 직업을 희망하는 간호사에게는 매우 적합하다. 복잡한 심사를 맡으면 고도의 집중력을 발휘해야 하고 그에 따른 스트레스도 있지만 임상 간호사처럼 생명을 좌우하는 정도는 아니어서 업무 부담감이 적은 것도 장점 중 하나이다.

나는 학창 시절에는 간호사라면 반드시 병원에서 근무해야 한다고 생각했었다. 그래서 스스로 정보를 차단하고 지냈다. 그러나 지금은 그렇게 생각하지 않는다. '임상 간호사' 외에도 다양한 분야가 많다. 관심을 가지고 바라본다면 더 많은 길이 보일 것이고, 직접 환자를 돌보는 것이 아니라 다른 방법으로도 자신이 배운 지식을 활용할 수 있다. 나는 후배들이 좀 더 진취적인 자세로 자신의 진로를 고민하라고 얘기해 주고 싶다.

(구술 정리 : 임현주)

03   의료 소송 매니저

약자를 위해 싸우는
백의의 투사

| 김경남 |

1974년 대구 출생. 1998년 한양대 간호학과를 졸업하고 서울대병원, 보라매병원에서 3년 7개월 동안 임상 간호사로 근무했다. 2003년 8월 신헌준법률사무소 의료소송팀 과장으로 입사해 의료 소송 전문 간호사의 길을 걷고 있다. 현재 한양대학교 대학원에서 성인 간호학을 공부하고 있다.

나는 'Medical Lawsuit Manager'(의료 소송 매니저). 의료 사고로 인한 소송에 전문 의료인 자격으로 참여하여 변호사와 함께 소송을 진행하는 사람을 말한다. 의사도 의료 소송에 참여하지만 참고인 자격으로 조언을 해 주는 역할에 그치는 정도이다. 반면 의료 소송 전문 간호사는 법률사무소에 상근하며 진료 기록 검토부터 소장을 작성하는 일 등 의료 소송의 전반적인 과정에 필요한 실무를 담당한다. 현재 법률사무소에서 일하고 있는 간호사 출신 의료 소송 매니저는 대략 20여 명. 이 숫자는 의료 소송 전문 간호사 인터넷 카페에 참여하고 있는 회원 수로 어림잡아 파악한 수치이다. 이 분야 최고 경력자가 이제 5년차, 막 시작 단계에 있는 새로운 업종인 것이다.

의료 소송에 간호사가 참여하게 된 것은 소송의 내용이 점점 세분

화되어 법률적인 지식만으로 해결하기 어려운 소송이 늘어나면서부터이다. 아직까지는 간호사의 진출이 미약해 의료 소송을 담당하는 간호사들의 직업에 대한 공식 명칭도 정확하게 규정되어 있지는 않다. 현장에서는 '의료 소송 전문 간호사' '의료 사고 법률 컨설턴트' '의료 소송 매니저' 등 다양한 이름으로 활동하고 있다.

3년 7개월 동안 임상 간호사로 일하다 현재 법률사무소에서 의료 소송 매니저로 일하고 있는 나의 공식 직위는 의료소송팀 과장. 임상 경력을 인정받아 과장으로 입사했다. 팀원 중 간호사 출신은 나 혼자로 다른 사람들은 오랫동안 의료 소송을 진행해 온 경험자들이다.

의료 소송은 의료 행위 도중 의료인의 과실로 환자에게 문제가 생겼을 경우 제기되는 소송이다. 같은 사건이라도 소송 의뢰인이 병원이 되는 경우도 있지만 피해자는 환자가 되고 의료진이 피의자인 경우가 대부분이다. 나를 비롯해 의료 소송 전문 간호사가 일하고 있는 법률사무소에서는 환자 쪽에서 의뢰한 소송이 주를 이룬다. 따라서 의료 행위 도중 사고를 당한 환자의 입장에서 의료인의 과실을 찾아내어 그 과실을 입증하는 일이 의료 소송 전문 간호사의 업무이다.

내가 의료 소송 전문 간호사에 대해 알게 된 것은 2001년 보라매병원 응급실에서 근무할 때였다. 선배 간호사가 법률사무소에서 일하기 위해 병원을 사직하자 처음에는 간호사 일을 그만두고 사무직으로 취업하는 것으로 오해했다. 선배에게 의료 소송에 대한 설명을 듣고 나서야 간호사도 법률사무소에서 일할 수 있다는 사실을 알게 될 정도로 생소한 분야였던 것이다.

사실 나를 비롯해 임상 간호사들에게 의료 소송은 피해 가야 할 무서운 것이었다. 간혹 문제가 생겼을 때 경찰이 찾아와 진료 기록을 검토하고 의료진을 조사하는 걸 옆에서 보는 것만으로도 불안했다. 또 나에게는 개인적으로 의료 소송의 결과에 대해 회의적일 수밖에 없는 경험도 있었다. 1999년, 내 선배 중 한 사람이 수술을 받는 과정에서 마취 사고로 경련 질환이 발생했다. 당시 주변에선 의료 사고가 분명하다며 의료 소송을 해야 한다는 의견이 많았지만 여러 분야의 조언을 구한 결과 큰 병원을 상대로 소송을 해 봐야 이길 승산이 없다고 판단해 소송을 포기하고 병원 측에서 제시하는 치료 조건을 받아들였기 때문이다.

가능한 피해 가야 할 의료 소송, 하지만 나는 이 일을 택했다. 2003년 한양대학교 대학원에 입학한 후 나는 병원을 사직했다. 임상이 적성에 맞지 않는 것은 아니었지만 학업과 병행하기엔 여러 가지로 무리가 따랐다. 가장 큰 걸림돌은 3교대 근무. 그래서 선택한 것이 의료 소송 전문 간호사였다. 대학원 공부를 하며 임상 경험을 바탕으로 연구직에 근무하고자 했던 내 희망과도 맞아떨어졌다. 또 잊고 있었던 선배의 사고 경험이 떠오르며 의료 사고로 고통 받는 이들을 위해 일하고 싶다는 마음도 생겼다. 나는 환자를 간호하는 일이 임상 간호사의 일이라면, 환자 중에서도 큰 어려움에 처해 있는 사람을 돕는 것이 의료 소송 전문 간호사라는 생각이 들었다.

보고 또 보고, 끝없는 서류와의 전쟁

내가 일하는 법률사무소에서 진행 중인 소송 건수는 현재 약 100여 건, 그 중 내가 담당하고 있는 소송만 50여 건에 이른다. 의료 소송은 짧게는 1년 길게는 3년까지 이어지는 장기전이 많아 내가 입사하기 전부터 진행 중이었던 소송을 인수 받은 것도 꽤 많다. 그만큼 의료 소송은 의뢰인은 물론 참여하는 모든 이들이 긴 호흡으로 임해야 한다. 또한 소송 의뢰인인 환자나 가족들은 의료 사고 후 바로 소송을 제기하기보다는 병원과 상당 시간 싸움을 하고 난 후 최후의 수단으로 소송을 결심하는 경우가 대부분이어서 정신적으로 민감해져 있고, 피의자인 병원 측도 의료 과실은 치명적인 이미지 손상이라는 인식이 커 소송 과정은 매우 치열하다.

환자 가족을 만나고 병원을 방문하고 재판을 진행하는 등 대외적인 일은 담당 변호사가 한다. 이때 의료 소송 전문 간호사는 주로 사무실 내에서 자료와 싸우게 된다. 한마디로 과실의 근거와 증거를 입증하기 위해 자료를 검토하고 또 검토하는 것이다.

의료 소송 전문 간호사의 업무는 병원의 진료 기록을 꼼꼼히 검토하는 일부터 시작된다. 진료 기록은 의사의 진료 차트, 수술 기록, 경과 기록, 처방전, 링거 투여 기록 등 환자가 병원에서 받은 치료 내용이 세세하게 기록되어 있는 문서이다. 진료 기록은 소송 기간 내내 하루에도 수십 번씩 보게 되는 사건의 중요한 단서이다. 임상 경험이 있는 간호사가 소송에 참여하는 것도 수술이나 약물 치료의 과정에서 어떤 문제점이 있는지 파악하기 위해서는 전문 용어로 쓰인 진료 기록을 정확히 읽을 줄 아는 능력이 필요하기 때문이다. 진료 기록을 검토하는 것은 많은 시간을 요구한다. 오랜 기간 동안 진료를 받은 만성 질환자의 경우 전문 용어로 된 진료 기록을 번역하는 일 자체가 방대한 작업이다. 또 희귀 질환일 경우 질환에 대한 조사가 함께 이루어지기 때문에 더욱 많은 시간이 소요된다. 심지어는 병원 측에서 진료 기록을 조

:: 의학 서적을 찾아 가며 진료 기록과 각종 서류를 검토하고 있는 김경남 씨.

작하는 경우도 있어 검토 과정에서부터 긴장이 시작된다.

의료진의 과실 여부 판단은 '임상 의학 실천 당시 표준적인 지침'을 근거로 한다. 이 지침에 의거해 각 과별 질환과 치료에 대해 심층적으로 분석하고 과실 여부를 판단하기 때문에 의료 소송에선 법률가보다는 의료인의 역할이 중요하다. 피해자가 의뢰한 사건 중에는 명백한 의료 사고도 있지만 치료 과정에서 있을 수 있는 부작용의 결과인 경우도 있다. 의학 지식이 없는 일반인이 보기엔 치료 결과가 좋지 않으면 의료 사고를 의심하며 소송을 의뢰하지만 부작용과 과실은 큰 차이가 있다. 진료 기록을 검토하며 과실과 부작용을 구분하고 과실이 의심될 경우 구체적으로 어떤 것인지 찾아내야 한다.

진료 기록 검토가 끝나면 법률적으로 과실 여부를 물을 수 있는지 법률 전문가의 판단을 받은 후 소송 여부를 결정하게 된다. 소송이 결정되면 의료 소송 전문 간호사는 소장을 작성한다. 소장의 주요 내용은 진료 과정에 대한 정리, 진료 중 발생한 의료 과실에 대한 세밀한 주장, 손해 배상 청구 등이다. 손해 배상 청구 금액 부분은 법률사무소의 업무 분담에 따라 사무장이나 담당 간호사가 분담한다. 소장을 작성할 때는 단어 사용에 신중해야 한다. 나 역시 입사 초기에는 환자의 입장에 서서 감정적인 언어를 사용하는 실수를 한 적이 있다.

소장이 법원에 접수되면 본격적으로 재판이 시작된다고 할 수 있다. 해당 병원은 3개월 이내에 반박 자료를 보내야 하는데, 병원 답변서는 당연히 과실을 부정하는 내용이다. 때로는 뻔히 과실임이 분명함에도 책임 회피로 일관하거나 문제를 환자 가족의 무지와 오해로 매도하며, 소송 의뢰인의 도덕성을 의심하는 황당한 내용도 있다. 이런 답변서를 읽다 보면 분노가 치밀어 가끔은 화장실에서 눈물을 흘리며 마음을 가라앉히기도 한다. 병원 측의 답변서가 도착하면 병원의 반박 내용을 근거로 과실에 대한 더 구체적인 주장과 입증 자료를 첨부한 준비 서면을 작성한다. 이 준비 서면을 작성할 때는 진료 기록은 물론 국내외 의학 잡지, 해당 질환에 대한 의학 교과서 등이 총동원된다.

해당 병원에 진료 내용에 대해 세세하게 문의하는 과정도 꼭 필요하다. 해당 질환의 진단, 임상 양상, 치료, 예후 등에 대한 질문을 준비해 언제 어떤 진료가 시행되었는지, 어떤 검사와 치료가 이루어졌는지 확인하게 되는데 보통 2~3개월 안에 병원 측의 회신을 받아야 하지만 때로 반송되거나 답변이 늦어지는 경우가 많아 의료 소송이 길어지는 요인이 되기도 한다.

만약 의료 사고 피해자가 생존해 있는 경우라면 신체 감정에 동행하는 일도 의료 소송 간호사의 업무가 된다. 신체 감정은 의료 사고로 인한 후유 장애 여부와 정도, 향후 치료 필요성 등에 대한 감정을 법원이 지정한 병원에서 시행한 후 장애율이 어느 정도인지 판단하는 것이다. 의료 소송 전문 간호사는 환자와 함께 병원을 방문하고 환자를 대신해 진료 내용과 의료 과실 발생에 대해 설명하며 검사를 돕는다. 진료, 예약 등의 절차에 익숙하기 때문에 환자에겐 든든한 동반자가 될 수 있다.

의료 소송이 점점 복잡해지면서 의료인의 정확한 판단이 요구되는 경우도 많고 이에 따라 간호사를 채용하는 경우가 늘고 있다. 단순히 진료 기록을 읽을 수 있다는 것 이외에 사건의 단초를 잡아 가는 과정에서도 전문적인 판단이 가능하기 때문이다.

최근 1심에서 패소한 의뢰인의 항소심 의뢰가 들어왔다. 뇌 수술 과정에서 사지마비와 의식 저하가 발생해 2년간 치료를 받다 사망한 환자의 가족들이 제기한 소송이었다. 1심에서 변호인단은 사망 원인을 뇌수종으로 판단해 소송을 이끌어 갔지만, 나는 뇌수종은 2차 질환에 불과하고 1차 질환은 혈관모세포종이라고 판단했다. 이는 일반인에겐 생소한 질환으로 서류를 검토하다 수술 전에 꼭 필요한 검사가 빠져 있는 것을 발견한 것. 사람마다 뇌의 구조가 조금씩 다르기 때문에 뇌 수술 전에는 혈관 상태를 파악하는 뇌혈관조영술을 검사하는 것이 기본인데 확인 결과 치료 내용에 뇌혈관조영술이 빠져 있었다. 가장 기본적인 검사를 하지 않았으므로 의료진은 최소한의 의무를 지키지 않은 것이 된다. 이는 항소심에서 중요한 변수로 작용할 수 있다. 현재 이 단서를 기초로 방향을 전환해 항소심을 준비하고 있는 중이다. 이처럼 필요한 치료가 전부 이루어졌는지 찾는 데는 임상 경험이 중요하다. 바로 이런 점 때문에 의료인들의 소송 참여가 필요한 것이다.

짧으면 1년 길게는 3년까지, 애정과 끈기로

명백한 과실이 있어 보이는 사건이라고 해도 반드시 승소하는 것은 아니다. 법이 항상 정의의 편에만 있는 것도 아니고 병원 측의 자료 공개 거부 등으로 진실이 코앞에 있음에도 재판부가 법률적으로 인정할 정도의 과실을 입증하지 못해 패소하는 경우도 있다. 의료 소송에선 이게 어렵다. 의료 소송 매니저는 재판 결과로 자신의 능력을 평가 받는다. 때문에 소송이 진행되는 동안 의료 소송 간호사가 받는 정신적인 스트레스와 압박감은 상당하다. 병원 측의 반박과 피해자의 주장이 엇갈릴 때마다 감정 소모가 크고, 사건의 단서가 되는 진료 기록이나 진단서 등은 병원이 쥐고 있어 자료를 요청하고 사실을 확인하기까지 치열한 공방이 오간다.

물론 재판에서 패소할 경우 가장 상처를 입는 사람은 당연히 의뢰인인 환자와 환자 가족이다. 환자와 가족은 치료 과정에서 육체적·정신적으로 상처를 받은데다 재판까지 패소하면 이중 삼중의 고통을 겪는다. 하지만 의료 소송 매니저의 상처도 만만치 않다. 임상 간호사로 일하면서 환자의 고통을 누구보다도 잘 이해하고 있기 때문에 일반 법률인보다는 더 많이 상처 받고 더 많은 마음의 부담을 지게 된다.

또 하나의 어려움은 간호사 역시 의료인이라 같은 분야에서 일하는 동료의 과실을 파헤치는 일도 사실 큰 부담이다. 그러나 나는 의료 행위도 사람이 하는 일이라 실수가 있을 수 있지만 의료인의 과실은 심각하게는 환자의 사망에서부터 적어도 다른 질환으로 연결되므로 자신의 과실에 대해 책임을 지는 것이 바람직한 의료인의 자세라는 신념을 갖고 있다.

의료 소송 매니저에게 제일 필요한 것은 일과 환자에 대한 애정이다. 2~3개월 입원했다 퇴원하는 환자를 돌보는 것보다 더 많은 애정을 환자에게 쏟아야 한다. 길게는 3년까지 이어지는 재판 과정에서 지치지 않고 소송을 이끌어 가려면 끈기도 중요한 요소이다. 1심에서 패소했다 하더라도 다시 항소를 준비하고, 재판이 끝날 때까지는 확신을 갖고 임해야 하는 것이 의료 소송이기 때문이다. 여기에 비판적인 시각도 전제되어야 한다. 임상과는 달리 간호 목적이 아닌 과실을 찾아내는 목적으로 진료 기록을 검토하는 것이므로 비판적인 시각으로 다양한 경우의 수를 고려해야 하는 것이다.

법률사무소에서 요구하는 의료 소송 매니저의 자격 조건은 4년제 이상 대학 과정과 대학 병원 3년 이상의 임상 경험. 의료 지식과 풍부한 현장 경험을 요구하는 것이다. 이제 시작 단계이므로 아직까지 조직적으로 의료 소송 전문 간호사를 양성하는 곳은 없다. 고려대 법학대학원, 연세대 보건대학원 등에서 의료 소송에 대한 이론과 실무를 배울 수 있지만 이 과정을 반드시 이수해야 하는 것은 아니다. 의료 소송 매니저의 업무는 법률적 측면보다 임상 경험이 가장 중요하게 작용하기 때문이다. 만약 이 분야에 도전하고 싶다면 임상 경험을 쌓으면서 의료 사고를 전문으로 하는 법률사무소의 구인 광고를 정기적으로 체크하는 것이 가장 현실적이다. 법률사무소 입사는 일반 회사와 비슷하게 서류 전형과 면접으로 이루어지며, 소송 실례를 검토하고 어떤 과실이 있는지 찾아내는 테스트를 거치기도 한다. 영어 실력을 필수 조건으로 내걸진 않지만 어느 정도는 영어 실력이 필요한 것이 사실이다. 국내 자료뿐 아니라 해외 의료 잡지와 인터넷 사이트도 검색해 검토하는 것이 필요하기 때문이다. 그 밖에 임상 경력은 그대로 인정되며 급여는 대학 병원과 비슷한 수준이다.

　이 일을 시작한 후 가장 큰 생활의 변화는 바로 근무 시간이다. 남들처럼 아침에 출근하고 저녁에 퇴근하는 정상적인 리듬을 되찾은 기쁨은 생각보다 크다. 업무가 많으면 야근을 하기도 하지만 임상 시절에 비하면 육체적으로는 편하다.

　내가 의료 소송 업무에 종사한 지 1년이 채 지나지 않았기 때문에 최종 판결이 난 재판은 아직까지 없다. 하지만 내 적성과 잘 맞고 보람 있는 일이라는 확신은 있다. 대학원 진학 전에 이 분야에 뛰어들었더라면 대학원 전공도 성인 간호가 아닌 의료 소송 분야로 선택했을 거란 아쉬움이 들 정도이다.

　하지만 모든 일이 그렇듯이 회의적인 시각도 존재한다. 재판의 결과와 책임이 모두 변호사에게 있고, 모든 문서는 변호사 이름으로 나가기 때문에 일에 대한 성취감을 느끼는 데 한계가 있기 때문이다. 의료 소송이 발달한 외국의 경우 변호사가 아니더라도 충분히 전문적인 직업으로 인정받지만 우리나라의 경우 전문직으로 인정받기까지 더 많은 시간이 필요한 것도 사실이다.

　그러나 나에겐 이런 고민을 할 시간조차 없다. 50여 건의 소송 외에도 일주일에 평균 3건 정도의 새로운 소송 의뢰가 들어와 책상 위에는 검토해야 할 서류가 산처럼 쌓여 있다. 그 서류 속에 잃어버린 환자의 건강과 권리를 되찾는 단서가 있기에 오늘도 나는 수많은 자료와의 한 판 전쟁을 하는 중이다.

(구술 정리 : 임현주)

항공 전문 간호사

스스로 계획하고
실행하는 기쁨

| 전선영 |

1971년 서울 출생. 1992년 이화여대 간호학과를 졸업하고 이화여대 부속병원, 이화여대 목동병원에서 3년간 임상 간호사로 일했다. 1995년 대한항공 항공보건팀에 입사했으며 현재 항공보건팀 과장이자 건강 관리 2그룹장으로 근무하고 있다.

임상 간호사가 내 적성에 맞지 않았던 것은 아니었다. 그러나 하루에도 수십 명의 환자를 담당해야 하는 종합 병원은 같은 목적을 가진 의료인들이 유기적 협조 체계를 구축하여 아픈 환자를 치료한다는 장점도 있지만 간호사의 독자적이고 창의적인 업무 수행의 기회가 적다는 한계가 있었다. 이 때문에 나의 마음속에는 '뭔가 창의적인 일을 하고 싶다.'는 소망과 아쉬움이 자리잡았다.

이런 고민을 갖고 있던 나에게 '대한항공 항공보건팀에서 직원을 모집한다.'는 소식이 들려온 것은 인생의 전환점이 되었다. 난 미련 없이 이식을 결심했다. 당시는 항공 전문 간호사라는 분야가 알려져 있지 않았던 때여서 공채가 아닌 특채의 기회가 주어졌다. 채용 요건에서 임상 경험은 필수였고 영어 능력도 중요하게 평가되었다. 대부분 임상 간호사 출신들이 지원한 이 경쟁에서 난 평소 영어 공부를 꾸준히 해 온 덕택에 최종 면접을 무사히 통과할 수 있었다. 예나 지금이나 항공 전문 간호사가 되려면 영어 실력이 있어야 한다. 항공보건팀은 승객은 물론 조종사, 승무원, 정비사를 비롯한 모든 직원의 건강을 관리하는 업무를 맡는다. 항공사 직원 중에는 외국인도 많이 있고 비행기를 이용하는 승객은 전 세계인이기 때문에 그들의 건강을 책임지고 보호하기 위해서는 영어가 기본이 될 수밖에 없다.

치료보다는 예방과 관리가 목적이다

항공 전문 간호사로 일하면서 나에게 많은 변화가 생겼다. 우선 병원 대신 공항으로 출근한다는 것이다. 나의 일터인 항공보건팀은 김포공항에 위치해 있다. 여기에 더 큰 변화는 내 손에서 주사기 및 의료기기 세트가 떠난 것이다. 의료 서비스 대상이 아픈 환자가 아닌 건강한 사람들이고, 업무 특성상 치료를 위한 임상 의료보다는 예방 및 관리 의료가 더 중요하기 때문이다.

내가 근무하는 대한항공 항공보건팀은 600여 평 규모에 위장특수촬영기, 초음파촬영기, 임상화학분석기, 운동부하심전도기 등의 전문 검사 장비와 아쿠아피티 같은 물리 치료 장비 등 종합 병원 수준의 시설을 갖추고 있다. 또 전 직원의 건강 정보를 확인하고 적절한 건강 관리 및 의료 서비스를 수행할 수 있도록 전산 시스템이 구축되어 있다.

항공사도 기업이므로 항공 전문 간호사 또한 넓은 의미에서 산업장 간호사에 포함될 수 있다. 그러나 기업체 의무실에서 직원들의 건강을 관리하는 산업장 간호사와는 업무 형식상 차이가 많으므로 특별히 항공 전문 간호사로 분야를 구분하고 있다. 아직까지 명칭은 정확히 규정되어 있지 않아 항공 분야 간호사, 항공 간호사 등 다양한 이름으로 불리고 있지만. 항공사는 공중 근무자가 관리 대상이므로 공중 및 기내 환경의 특성을 고려한 법적 요구 사항 이외에도 건강 관리를 위해 챙겨야 할 내용도 광범위하고 분야별로 세분화되어 있다. 공중 근무자들의 건강은 곧 항공기를 이용하는 불특정 다수 고객들의 안전과 직접적으로 관련되므로 항공 전문 간호사는 직원들의 건강뿐만 아니라 전 세계인의 안전을 책임지는 업무를 담당한다고 해도 과언이 아니다.

대한항공 항공보건팀은 건강 관리 그룹과 운영 지원 그룹으로 나뉘어져 있으며 의사, 간호사, 임상병리사, 방사선사, 산업위생관리사, 임상 운동사, 영양사 등 총 50여 명의 인력이 근무하고 있다. 이 중 간호사는 20여 명으로 세 개 그룹으로 나누어져 업무를 담당한다.

건강 관리 1그룹은 운항 승무원(조종사)의 건강을 담당하다. 조종사의 건강은 항공기 안전과 직결되기 때문에 일반인의 건강 관리 수준보다 한층 강화된 기준을 적용한다. 기본적으로 공중 및 기내에서 생활하는 시간이 많아 특별한 건강 관리가 필요하기도 하지만 조종사에게 신체검사는 일종의 자격증이다. 취항하는 국가별로 요구하는 신체검사 내역이 다르고, 그 국가에서 원하는 신체검사 조항이 한 가지라도 빠졌을 경우 운항이 취소될 수 있다. 또 나이에 따라 6개월, 혹은 1년마다 서류가 갱신되어야 하는 등 규정이 매우 까다로워 세밀한 관리가 필요하다. 이를 수행하기 위해 미연방항공청(FAA) 등에서 규정하고 있는 '의료진과 의료 시설'로서의 자격을 인정받고, 각 국가별로 요구하는 신체검사 실시 및 신체검사증을 발급한다. 이렇듯 국내외 항공법에 의거해 조종사 신체검사를 정기적으로 실시하고 운동 상담과 영양 상담을 통해 조종사가 최적의 건강 상태를 유지할 수 있도록 도와주는 것이 건강 관리 1그룹의 일이다.

건강 관리 2그룹은 객실 승무원의 건강 관리와 승객들의 건강 관리를 담당한다. 객실 승무원은 운항 승무원과는 달리 각 나라별로 신체검사 서류를 요구하지는 않는다. 그러나 운항 승무원과 마찬가지로 공중에서 근무하기 때문에 특별한 관리가 필요하다. 건강 관리 2그룹은 이들의 건강 관리를 위해 정기적으로 기초 체력 테스트를 진행한다. 또한 요통 등의 근골격계 질환을 경험한 객실 승무원을 대상으로 임상 운동사의 전문적 처방에 의한 재활 훈련 프로그램을 운영해 재발 방지 등 체계적인 건강 관리를 하고 있다. 환자가 비행기에 탑승할 경우 모든 절차를 책임지는 것도 건강 관리 2그룹의 업무이다. 환자가 비행기에 탑승할 때는 일반인과 다른 절차를 밟아야 한다. 국내선의 경우 24시간 전에, 국제선의 경우 72시간 전에 특수 예약을 하면 항공보건팀으로 환자의 자료가 전달된다. 환자 자료가 전달되면 비행기에 탑승할 수 있는 상태인지 파악하는 것부터 일이 시작된다. 상태가 심각한 경우 탑승하지 말 것을 권유하기도 하고, 일단 탑승이 결정되면 환자에게 필요한 의료 장비를 준비해 기내에 설치한다. 환자 상태에 대해 좀 더 자세한 확인이 필요한 경우에는 외국인이라 할지라도 해당 병원에 확인하기도 한다.

예상치 못했던 환자가 발생하는 경우도 있다. 머리 위에 물건이 떨어져 외상을 입는 가벼운 사고도 있고, 갑작스런 심장마비로 인한 응급 상황이나 아이를 출산하는 경우가 발생하기도 한다. 이럴 때를 대비해서 항공기에는 간단한 일반 의약품 외에도 전문 의약품과 심폐소생을 위한 자동심실제동기, 인공호흡기, 간단한 수술이 가능한 의료 장비를 구비해 둔다. 의료 장비 역시 항공법에 따라 품목이 결정되기 때문에 그에 맞춰 빠짐없이 갖추는 것도 중요한 업무 중 하나이다. 항공 전문 간호사가 비행기에 탑승하는 일은 거의 없다. 비행 중 안전사고는 객실 승무원이 처리하므로 객실 승무원을 대상으로 기본적인 안전 교육 및 응급 처치 교육을 정기적으로 실시해 승객들이 안전하게 여행할 수 있게 하는 것도 건강 관리 2그룹의 역할이다.

건강 관리 3그룹은 항공사 일반 사무직 및 정비사 등 지상에서 업무를 수행하는 직원들의 건강을 책임진다. 따라서 항공법 대신 산업안전보건법, 국민건강보건법에 따라 필요한 건강 관리 지침을 마련하고 정기적으로 검사를 실시한다. 근로자에게 최적의 근무 환경을 제공할 수 있도록 산업위생관리기사와 협력하여 작업 환경을 측정, 개선하는 일을 한다.

생후 8일 900그램 신생아의 첫 비행

올해로 10년째 항공 전문 간호사로 일하고 있는 나는 항공보건팀의 세 그룹을 두루 거쳐 현재 건강 관리 2그룹장(항공보건팀 과장)을 맡고 있다. 평상시에는 항공기 내에 의료 장비가 제대로 탑재되어 있는지 객실 승무원의 신체검사가 제대로 진행되고 있는지 점검하고 특별히 신경 써야 할 직원들의 긴장 상태를 체크하는 등 일상 업무가 이루어진다.

그러나 환자가 탑승하거나 기내에 응급 환자가 발생하면 분주해진

:: 동료 직원과 카운터에서 업무를 논의하고 있는 전선영 간호사(오른쪽). 항공 전문 간호사의 업무는 기내가 아닌 사무실에서 주로 이루어진다.

다. 객실 승무원이 감당하지 못하는 응급 상황이 발생하면 객실 승무원은 위성전화를 통해 건강 관리 2그룹에 SOS를 요청한다. 탑승객 중 의사나 간호사가 있는 경우에는 그들의 도움을 받지만 그마저 불가능하거나 아주 급한 상황이라면 가장 가까운 착륙 지점에 비행기를 착륙시켜 가장 빠른 시간 안에 환자가 병원 진료를 받을 수 있도록 유도한다. 이때가 항공 전문 간호사에겐 가장 바쁜 순간이다. 기내에서 환자가 발생했다는 연락을 받으면 위성전화를 통해 환자 상태를 정확히 파악하고, 환자가 병원에 무사히 도착할 때까지 최적의 응급 처치를 제공하도록 조언한다. 이때 최선의 조언을 위해 대학 병원의 교수들에게 자문을 받기도 한다. 가능한 모든 조치를 취해 놓은 이후에도 환자가 무사히 도착했다는 연락을 받기 전까지는 잠시도 마음을 놓을 수 없다.

2001년 4월 제주에서 서울로 생후 8일째인 갓난아기를 직접 호송

한 일은 경력 10년의 베테랑이었던 나에게도 잊지 못할 경험이었다. 제주 여행 중 갑작스런 조산으로 7개월 만에 태어난 아기는 몸무게가 900그램밖에 나가지 않아 일반적인 항공 호송이 불가능했다. 항공보건팀에서는 아이가 입원할 삼성의료원으로부터 인큐베이터를 대여해 항공기내 1등석 2좌석을 제거하고 그 자리에 인큐베이터를 장착한 후 12석의 1등석 자리를 모두 비운 채 아이를 태웠다. 워낙 위급한 상황이어서 나는 제주로 내려가 의사와 함께 비행기에 탑승해 아이의 호송을 담당했다. 준비 과정부터 도착까지 긴장의 연속이었지만 생후 8일 된 갓난아기의 첫 비행은 무사히 마쳤다. 제주에서 서울까지 1시간 남짓한 비행 시간이 나에게는 1년보다 긴 시간으로 기억에 남아 있다.

우연한 기회에 임상을 떠나 항공 전문 간호사가 되었지만 나는 스스로의 선택에 매우 만족해 하고 있다. 환자가 아닌 건강인을 대상으로 그들이 건강한 삶을 영위할 수 있도록 건강 관리를 계획하고 의료 서비스를 제공하는 업무는 내가 원했던 독자적이고 창조적인 일이기 때문이다. 올 초 나는 신체검사 때 40대 이상 직원들에게 초음파 검사와 위장조영술을 받도록 했다. 이러한 검사를 직접 실시하려면 고가의 장비가 필요하기 때문에 일반 기업체의 건강 검진에서는 포함되지 않는다. 그러나 우리나라 40대 이상의 인구에서 빈번히 발생하는 질환들을 파악한 결과 직원들에게 꼭 필요한 검사라는 판단이 들어 일을 추진해 결국 장비를 구입할 수 있었다. 직원들이 초음파 검사를 받는 모습을 지켜보며 내 일에 큰 보람을 느꼈다. 직원들 중 누구도 고맙다고 말하지는 않았지만 내가 계획한 프로그램이 눈 앞에서 펼쳐지는 모습을 보는 그 자체에 뿌듯해졌다. 스스로 일을 계획할 수 있고 그 일의 성과를 바로 확인할 수 있는 것, 이것이 항공 전문 간호사의 보람이다.

회사에서도 해외 항공보건 최신 정보 습득, 국내외 학회 참여, 우수 대학 석박사 과정 지원 등 개인의 능력 향상을 위한 지원을 하고 있어 급변하는 의료 환경에 발맞추어 더 넓은 시각과 전문성을 키울 수 있다는 것도 내가 이 일에 자부심을 가지는 이유 중 하나이다.

임상 간호사와 비교했을 때 항공 전문 간호사의 장점은 많다. 무엇보다 출퇴근 시간이 정해져 있다는 것이다. 대한항공 항공보건팀 근무 시간은 오전 8시 30분부터 5시 30분까지. 원활한 업무를 위해 조기 출근, 연장 근무, 휴일 근무 등이 당직 형태로 운영되지만 3교대 근무를 하던 시절과 비교한다면 파격적인 변화이다. 4년제 대학을 졸업하고 입사한 경우 근무 연수가 만 3년이면 대리, 이후 과장, 차장, 부장의 단계로 승진할 수 있으며 정년인 만 55세까지 안정적으로 근무할 수 있다는 것도 큰 이점이다.

영어는 기본, 행정 관리 능력도 필요

항공 전문 간호사가 되는 데는 특별한 자격증이 필요한 것은 아니다. 4년제 대학 출신으로 간호사 면허증을 소지하고 임상 경력 1년 이상이면 항공사 공채에 지원할 수 있다. 그러나 국내 항공사 수가 많지 않고 인력 변동이 적어 채용은 추가 인력이 필요할 때마다 비정기적으로 이루어지는 것이 대부분이다. 2003년 11월 대한항공 간호사 공채 경쟁률은 30 대 1 정도로 최근 항공 전문 간호사에 대한 관심은 상당히 높아지고 있다.

항공 전문 간호사는 간호사로서의 능력뿐 아니라 영어 실력도 필요하며 행정 관리 능력도 갖추어야 한다. 직접 환자를 간호하는 업무보다는 각종 법규에 의거한 검진과 검사를 하고, 연간 검진 계획, 교육 계획 등의 관리 및 기획 업무를 주로 담당하기 때문이다. 이런 일이 적성에 맞다면 항공 전문 간호사는 21세기 운송 수단인 항공기를 매개로 국제적인 간호를 펼칠 수 있는 도전해 볼 만한 직업이라 생각한다.

또 매년 10억이 넘는 사람들이 항공기를 이용하고 있고, 해를 거듭할수록 승객 수도 증가하고 있다. 이에 따라 항공 분야에 종사하는 인력 또한 지속적으로 증가하고 있기 때문에 항공 전문 간호사는 앞으로 더 많은 인력이 필요할 것으로 기대되는 분야이다.

1950년 웅진반도에서 여의도로 환자를 후송하면서 시작된 우리나라 항공 간호는 한국 전쟁과 베트남 전쟁을 거치며 공군 병원의 항공 분야 간호사들이 항공 호송에서 맹활약을 펼쳤고, 1968년 대한항공에 항공보건 관리실이 생기며 민간 항공 분야 항공 간호가 시작되었다. 이후 비행기 이용 승객이 늘고 다양한 환자가 발생하면서 항공 호송에 대한 중요성이 점차 커졌고 항공사마다 항공보건을 담당하는 간호 인력이 배치되었다. 현재 항공 분야 간호학회가 만들어져 있으며 민간 항공보건팀, 공항 의무실, 공군 간호 장교 등 항공 관련 분야에 종사하는 간호사들이 회원으로 참여하고 있다.

비록 항공 전문 간호사의 역사는 길지 않지만 우리나라 항공 간호는 세계 수준과 어깨를 나란히 할 정도로 인정을 받고 있다. 나는 항공 전문 간호사로서 자부심을 갖고 일하고 있으며, 항공의 개념이 우주로 확상되어 항공 전문 간호사의 업무가 우주에서까지 펼쳐질 것을 기대한다.

(구술 정리 : 임현주)

05 보건 교사

'교육과 건강'
두 마리 토끼 잡기

| 김명미 |

1969년 대구 출생. 1990년 공주간호전문대를 졸업하고, 대학 졸업과 동시에 충남 지역 보건 교사 임용고시에 합격해 1992년 서산 산성초등학교에서 보건 교사 생활을 시작했다. 2002년 순천향 교육대학원에서 교육공학 석사학위를 취득했다. 현재 서산 석림초등학교 보건 교사로 근무하고 있으며, 보건 교사들의 모임인 '날아라 보건 교사' 사이트 운영자를 맡고 있다.

서산 석림초등학교 보건실. 수업을 마치는 종소리가 들리기 무섭게 미닫이문이 열리며 두 명의 남학생이 한 명을 부축하고 요란하게 등장한다. 학생들은 문을 열자마자 "계단에서 장난치다 어깨를 다쳤어요." "팔이 안 움직인대요."라며 큰 소리로 한 마디씩 거들어 조용한 보건실을 일순간에 뒤집어 놓는다. 어깨를 다친 아이는 잔뜩 인상을 쓰고 있지만 함께 온 아이들은 친구를 보건실에 데려온 것으로 자신들의 임무를 마쳤다는 듯 "선생님, 키 재 봐도 되요?" "몸무게도 재 볼래요." 등등 잠시도 쉬지 않고 요란을 떤다. 올해로 13년째 보건 교사로 근무해 온 나는 아이들 말에 응수하며 재빠르게 다친 학생을 치료한다. 팔을 조심스럽게 움직여 보게 하고, 어깨 주변을 마사지하고 붕대로 고정시킨 후 아이에게 자상하게 설명한다.

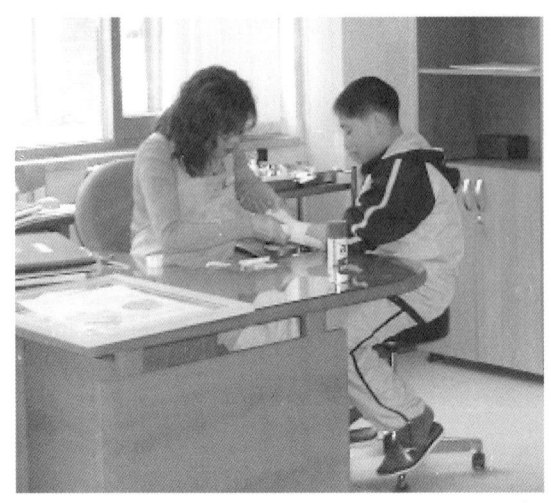

:: 김명미 교사가 팔을 다친 학생을 치료하고 있다.

"넘어지면서 계단에 부딪쳐 어깨 근육이 잠시 놀란 거야. 하지만 뼈가 부러졌는지 확인을 해 봐야 하니까 병원에 가서 엑스레이를 찍어 보는 게 좋겠다."

연락을 받고 온 담임교사와 병원에 갈 일을 상의하는 사이 아이는 팔이 어깨 위로 올라간다며 신이 나서 달려와 언제 아팠냐는 듯이 친구들과 다시 장난을 치기 시작한다. 나는 뼈가 부러진 것이 아니라는 판단이 들자 이후 상황을 지켜보기로 하고 학생을 교실로 돌려보낸다.

다시 조용해진 보건실, 5분도 지나지 않아 다시 새로운 학생이 등장했다. 2학년 남학생으로 하루에 한 번씩 보건실을 찾는 '단골손님'이다. "선생님, 너무 아파요. 약 발라 주세요." 하며 바지를 무릎 위로 걷어 올린다. 작은 흉터가 보인다. 누가 봐도 어리광 정도의 꾀병. 그러나 나는 "많이 아팠어?" 하며 장난 반 걱정 반으로 연고를 정성껏 발라 준다.

수업 받기 싫어서, 시험 보기 싫어서 꾀병을 부린 경험이 누구나 한

번쯤은 있을 것이다. 이를 잘 아는 나는 꾀병 환자를 대하는 나만의 독특한 노하우를 개발했다. 일단 꾀병이 의심스러울 때는 농담을 던져 아이를 웃게 하는 것이다. "마술로 너의 아픔을 한 방에 날려 주겠다. 짠~." 하며 눈을 감고 진지하게 주문을 외우면 십중팔구 아이들은 자지러지게 웃으며 교실로 돌아간다. 아직 때가 묻지 않은 순수한 나이이기 때문에 가능한 일이다.

올 초 61학급, 전교생 960명 규모의 신설 학교인 서산 석림초등학교에 새로 부임한 나는 보건실 위치를 정하는 것에서부터 보건실 꾸미기까지 정신없는 한 학기를 보냈다. 부임한 지 얼마 되지 않아 아직 학생들을 다 파악하진 못했지만 단골손님이 생길 정도로 많은 아이들이 보건실을 다녀갔다. 보건실을 찾는 학생은 하루 평균 40여 명. 한참 뛰어놀 나이라 장난 치다 다쳐 상처가 난 경우가 제일 많고 복통과 두통이 그 뒤를 잇는다.

평소에는 복통이나 두통 등 가벼운 환자가 주를 이루지만 가끔 천식이나 심장 발작, 심한 외상으로 응급 상황이 발생하기도 한다. 내가 경험했던 가장 큰 응급 상황은 아이가 계단에서 달리며 내려오다가 속도를 이기지 못하고 현관 유리문으로 질주해 피를 뿌리며 쓰러진 일이었다. 사고 소식을 듣고 현장에 도착했을 때 아이들과 선생님들은 피를 보고 놀라 허둥지둥하며 감히 다친 학생에게 다가가지 못하고 있었다. 재빨리 지혈을 하고 앰뷸런스를 부르고 아이와 함께 병원에 가기까지 시간이 얼마 걸리지 않았지만 학교 전체가 들썩거렸던 사건이었다. 이럴 때 보건 교사는 침착함과 냉정함을 잃지 않아야 한다. 솟아오르는 피를 보고도 당황하지 않고 신속하게 상황을 처리하는 것, 그것이 보건 교사의 중요한 임무이다.

방학은 달콤하지만 만만한 업무는 아니다

간호대학에 입학하면서부터 보건 교사의 꿈을 키워 온 나는 대학 졸업반 시절 간호사 국가고시와 보건 교사 시험을 동시에 준비하며 정신없는 대학 생활을 보냈다. 일찍 목표를 세워 노력한 것이 결실을 맺어 학원에서 수강하지 않고 혼자 공부해서 충남 보건 교사 시험에 합격했다.

그러나 시험에 합격하고도 2년 동안 발령을 받지 못했다. 지금은 대기 발령 기간이 2년이나 걸리는 일이 흔치 않지만 당시에는 2년 정도의 기다림은 예사로 생각되던 때였다. 나는 이 기간 동안 공주의료원 수술실에서 임상 경험을 쌓았다. 발령을 기다리며 일한 것이었지만 결과적으로 이때의 임상 경험은 보건 교사 업무에 큰 도움이 되었다.

내가 보건 교사의 가장 큰 장점으로 꼽는 것은 바로 방학이다. 방학 때마다 가족들과 여행을 하는 등 개인적으로 여유 있는 생활을 즐기고 있다. 이는 임상 간호사 세계에서는 감히 상상도 할 수 없는 일이다. 또 병원처럼 3교대 근무가 없어 결혼 후에도 안정적으로 일할 수 있는 것도 장점 중 하나이다.

이런 조건 때문인지 많은 간호과 학생들과 임상 간호사들이 보건 교사에 도전하고 있다. 때문에 보건 교사 임용고시 경쟁률이 날이 갈수록 치열해져 30대 1, 40대 1까지 육박하고 있는 상황. 재수, 삼수를 해 보건 교사 임용고시에 합격하는 경우도 쉽게 찾아볼 수 있다.

그러나 편안한 직장 생활을 위해 보건 교사에 지원한 사람이라면 초반에 고전을 면치 못하는 경우가 많다. 임상 간호사보다 스트레스가 적은 것은 분명하지만 보건 교사의 업무도 결코 만만하지 않다.

보건 교사의 가장 큰 업무는 다친 학생들을 치료하는 일이다. 환자가 생기면 1차 검진을 해 보건실에서 치료가 가능한 질환이나 상처는 보건 교사가 치료한다. 큰 부상인 경우에는 응급 처치 후 병원으로 보내 치료를 받게 한다. 병원에 갈 경우에는 아무리 바빠도 반드시 사전에 담임교사와 부모의 동의를 거쳐야 한다. 특히 상처를 꿰매야 하는 경우는 학부모와 충분히 의견을 조율해야 한다. 요즘 학부모들은 특히나 아이들의 외모에 신경을 써 외과보다는 성형외과 치료를 원하는 경우가 많기 때문이다.

학교에서 학생이 사고가 났을 때 1차적인 책임은 학부모, 그 다음은 담임교사에게 있다. 학생이 다쳤을 경우 병원에 데리고 가는 것도 담임교사의 몫이다. 보건 교사는 다른 환자가 생길 때를 대비해 보건실을 지키는 것이 원칙이지만 담임교사가 수업 중일 경우 보건 교사가 병원에 가기도 한다. 석림초등학교 이전에 근무했던 학교에서는 평균적으로 일주일에 한 번은 아이와 함께 병원을 방문했다.

업무 중에 학생을 치료하는 일이 60% 정도라면 나머지 40%는 다양하다. 이 중 가장 비중이 큰 것은 학생 교육이다. 보건 교사는 성 교육에서부터 구강 교육, 금연 교육을 비롯한 건강 교육을 담당한다. 1년 평균 교육 시간은 150시간 정도. 전 학년을 지도해야 하기 때문에 학년별로 내용을 달리하고, 교육 계획을 수립하는 것도 보건 교사의 중요한 업무이다. 나는 성 교육에 관심이 많아 교육대학원에 진학했고 "초등학교 6학년을 위한 성 교육 학습 자료 및 적용"이란 논문을 쓰기도 했다.

매년 4월에서 5월까지 진행되는 신체검사도 보건 교사의 일이다. 전교생을 대상으로 키, 몸무게를 비롯한 건강 상황을 체크하는 신체검

:: 보건실에서 학생들의 신체검사를 하고 있는 김명미 교사.

사 기간은 보건 교사에겐 가장 바쁜 시기이다. 담임교사와 함께 학생들의 건강 기록부를 작성하고 관리하는 일도 담당한다.

학교마다 차이는 있지만 아이들의 급식, 학교 주변 정화 차원에서 이루어지는 노래방 등의 비교육적인 시설을 검사하고 교육부에 보고하는 것도 보건 교사가 해야 한다. 또 학교 전체의 정수기 관리, 화장실 관리, 매주 1회 진행되는 보건 방송, 가정 통신문 작성, RCY 관리 등 보건 교사의 업무는 '보건과 위생'에 관련된 전반적인 업무라고 해도 과언이 아니다.

현재 전국의 보건 교사는 약 6500명 정도. 초·중·고등학교를 합해 1만여 개가 넘는 학교 수를 감안하면 턱없이 부족하다. 때문에 규모가 작은 학교에서는 일반 교사가 보건 교사 업무를 맡기도 하고, 보건 교사가 없는 학교는 인근 학교 보건 교사가 정기적으로 파견 근무를 나가기도 한다.

'접대 : 보건 교사'라구?

보건 교사는 일반 교사와 달리 학년 담임을 맡지 않고 일상적으로 수업을 하지 않기 때문에 보건실에서 혼자 보내는 시간이 많다. 특히 보건 교사는 각 학교마다 한 명씩만 근무하기 때문에 어려움이 있어도 함께 의논할 동료가 없는 외로운 직업이다.

이런 외로움은 가끔씩 소외감으로 이어진다. 소외감의 가장 큰 원인은 업무 차이에서 비롯된다. 보건 교사는 아이들 건강에 가장 관심을 갖고 있는 반면 일반 교사는 아이들 성적에 더 관심을 갖고 있기 마련이어서 대화 내용에서부터 차이가 많다. 이로 인해 일반 교사들과 특수한 업무를 하는 보건 교사 사이에는 보이지 않는 벽이 형성되어 있다.

보건 교사는 보건실, 일반 교사는 교무실에서 지내는 시간이 많기 때문에 일하는 공간에서 오는 소외감도 크다. 다행히 요즘은 일반 교사들도 교무실보다 담임 교실이나 학년별 교무실로 출근하는 경우가 있어 공간상의 소외감이 줄었지만, 여전히 비주류 교사라는 인식은 남아 있다.

손님 접대도 보건 교사에게는 스트레스가 된다. 이는 보건 교사뿐 아니라 일반 여교사에게도 적용되는 문제이긴 하지만 학교에 손님이 오거나 행사가 있을 때 손님 접대에 응해야 하는 것이 현실이다. 행사 관련 문서에 '접대:보건 교사'라는 문구가 공식적으로 새겨진 경우도 있다. 이런 관행 때문에 처음에 '교사'라는 꿈을 갖고 기대에 차 있는 신규 보선 교사들은 난감해 하며 갈등을 겪는 경우가 대부분이다.

신참 교사 시절, 나는 의사소통에 많은 어려움을 겪었다. 무엇보다 힘든 점은 보건실과 보건 교사를 '있으나마나 한 자리'라고 인식하는 학교 당국의 태도였다. 이런 생각이 지배적일 땐 보건실에 필요한 예산을 확보하기가 매우 어렵다. 보건실 예산이 따로 책정되지 않고 학교 운영비에 포함되어 있기 때문에 보건실 집기를 마련하는 일도 쉽지 않은 경우가 많았다.

보건 교사의 정체성 확립을 위해

신규 시절에는 일반 교사들과 업무 차이로 인해 대화의 주된 관심사가 다를 때에는 자신도 모르게 주눅이 들고, 자격지심이 느껴져 임상으로 돌아가고 싶다는 생각이 들기도 했다. 나에게 교사 생활 첫 5년은 비핵심 교사가 정체성을 찾아 가는 방황의 시기였다. 그러나 시간이 문제를 해결해 주었다. 차츰 학교라는 공간에서 일반 교사와 보건 교사의 차이를 인정하게 되었고, 그 차이를 소외감으로 인식하지 않을 정도의 여유가 생겼다.

내가 생각하는 보건 교사는 한 마디로 '금의야행'(錦衣夜行) 하는 '건강 지킴이'다. 밤에 비단옷을 입고 다니는 것처럼 남이 알아주지 않는 일에 최선을 다해야 하는 일이란 의미이다. 특히 임용고시에 합격해 큰 기대를 걸고 부임한 초임 보건 교사들에게 내가 강조하는 것도 이 말이다. 학교 내에서 보건 교사의 업무는 겉으로 드러나지 않기 때문에 스스로 정체성을 찾아 가지 않으면 좌절하기 쉽기 때문이다.

최근 들어 보건 교사의 정체성과 위상 정립을 위해 많은 보건 교사들이 노력을 기울이고 있다. 우선 보건실 분위기를 바꾸고 있다. 과거 양호실은 구석지고 어두운 곳에 위치해 학생들이 찾아오기 불편했을 뿐 아니라 양호 교사 역시 자신의 자녀를 데리고 와 근무하거나 빈 시간을 이용해 뜨개질을 하는 등 불성실한 근무 태도를 보이기도 한 것이 사실이다. 그러나 요즘은 아이들이 찾기 쉬운 곳에 보건실을 두고 학교에 따라 일상적인 치료가 이루어지는 보건실 외에 보건 교육실이 분리되어 TV 및 VTR 등의 시설까지 갖춘 곳도 생겨나고 있다. 이렇게 되기까지 보건 교사의 숨은 노력이 있었음은 말할 것도 없다. 나 역시 보건실을 밝게 단장하고, 아이들이 편하게 드나들 수 있도록 흰색 가운 대신 앞치마를 두르고 학생들을 돌보고 있다. 또 보건 교사 모임을 만들어 수업 내용과 방식에 대해 교류하고 업무 표준화 등 보건 교사들의 노력으로 '있으나마나 한 자리'라는 인식은 점차 사라지고 있다.

 보건 교사의 위상을 정립하는 데 많은 열정을 갖고 있던 나는 4년 전 뜻을 같이 하는 교사들과 함께 인터넷에 보건 교사들의 모임 '날아라 보건 교사'를 만들었다. 밤을 새워 가며 혼자 사이트를 디자인하고 공을 들인 결과 지금은 1만 6000여 명의 회원이 활동하는 대규모 사이트로 발전했다. 보건 교사뿐 아니라 보건 교사 희망자, 보건 교사 겸직 일반 교사, 사립학교 보건 교사 등 다양한 회원들이 이 공간에서 보건 교사로서의 어려움과 기쁨을 나누며 스스로의 정체성을 확립하기 위해 애쓰고 있다.

 '날아라 보건 교사'를 운영하면서 요즘은 제도를 개선하는 데 관심을 기울이고 있다. 가장 먼저 개선되어야 할 점은 절대적으로 부족한 보건 교사 수를 늘리는 일이다. 현행 학교보건법은 "18학급 이상의 초등학교에는 보건 교사를 두어야 한다." "9학급 이상의 중·고등학교에는 보건 교사를 둘 수 있다."고 규정하고 있다. 이처럼 학급 수가 적은 섬이나 농촌 지역 초등학교에는 보건 교사가 없는 경우가 많다. 또 '둘 수 있다'는 유보적인 규정이 '안 둘 수도 있다'는 것으로 해석되고 있는 것도 문제이다. 나를 비롯해 '날아라 보건 교사' 회원들은 요즘 70학급 이상의 학교에는 2명의 보건 교사를 두도록 학교보건법을 개정하기 위해 노력 중이다.

나는 수업 기법, 수지침 강좌 등 업무에 필요한 온라인 강좌를 개설해 '날아라 보건 교사' 사이트를 보건 교사들의 교육의 공간으로 활용할 계획도 세우고 있다. 교사, 주부의 역할을 하며 사이트를 운영하는 것이 쉽진 않지만 나는 묵묵히 보건실을 지키는 것이 아니라 스스로 업무를 만들어 나가고 제도를 개선하며 앞서 나가는 보건 교사가 되고 싶기에 오늘도 도전하며 살고 있다.

(구술 정리 : 임현주)

보건 교사가 되려면

보건 교사 임용고시는 교육부 주관 하에 각 시도교육청에서 시행된다. 보건 교사 임용고시에 응시하려면 간호사 면허증은 물론 대학 시절 교직을 이수하고 보건 교사 자격증을 보유해야 한다. 나이 제한도 있어 만 40세 이하까지만 시험에 응시할 수 있다.

시험은 1차 교육학과 간호학 전공 필기시험, 2차 논술과 면접으로 진행된다. 지역에 따라 한자 시험을 포함하기도 한다. 초등부와 중등부로 나눠 시험을 치르므로 본인이 원하는 분야에 지원하면 된다. 시험 시기는 시·도에 따라 조금씩 차이가 있지만 최근에는 10월부터 시도교육청에서 모집 공고를 내기 시작해 12월에 시험이 치러지고 있다. 보건 교사의 대우는 공무원 규정에 따라 3년제 간호대학은 9호봉, 4년제는 8호봉부터 시작한다.

1998년 치료 중심의 업무에서 예방과 건강 관리라는 포괄적 업무로 개념이 바뀌면서 그 명칭도 양호실에서 보건실로 바뀌었고, 2002년에는 양호 교사라는 명칭도 보건 교사로 정식으로 개정되었다.

4장

간호사 정보 업그레이드

01 　　　　　　　　　　　　　　간호사와 환자, 그 애증의 관계

정말 감당하기 어려운 사람들

| 문성미 |

1975년 서울 출생. 1998년 고려대학교 간호학과를 졸업하고 고려대학교 부속 안암병원에 입사해 지금까지 인공신장실에서 일하고 있다.

대다수의 사람들은 웬만큼 아프지 않고서는 병원을 찾지 않는다. 병원이 일터인 나 역시도 환자로서는 선뜻 병원 문을 두드리기가 쉽지 않으니 일반인들이야 오죽하랴. 사람들에게 병원은 아픔을 참다 참다 마지 못해 방문하는, 꼭 필요한 곳이기는 하지만 정말 가고 싶지 않은 곳이다. 병원을 들어서면서부터 코끝을 찌르는 독특한 소독약 냄새…, 괜히 초조하고 불안해진다. 감기라고 짐작되는 가벼운 증상으로 병원을 찾아도 병원이 풍기는 분위기 때문에 괜히 위축되는데, 심각한 질병으로 입원까지 해야 하는 경우라면 더욱 긴장하게 된다.

이처럼 낯선 환경, 특히 병원이라는 공간이 주는 신상감과 초조, 막막함 속에 주위를 둘러보면 가장 먼저 눈에 띄는 사람이 바로 간호사이다. 처음 만나는 얼굴이어서인지 그들에게 받은 인상은 오래 지워지

지 않는다. 그 첫 만남이 그 병원의 이미지를 결정지을 수도 있다. 그래서 간호사의 책임은 막중하다. 친절하고 따뜻한 간호사의 말 한마디에 마음이 편안해지기도 하고, 쌀쌀맞고 짜증을 내는 간호사 때문에 아픈 것도 잊어버릴 정도로 불쾌해진 경험이 누구에게나 있었을 것이다.

하지만 아무리 바쁜 상황이라도 웃으면서 차분하게 설명하고 안내해 주는 간호사들 또한 많은 것을 보면 정말 사람마다 이 직업에 임하는 자세가 다른 것 같다. 간호사는 환자를 안심시키고 병원 생활에 잘 적응해서 건강을 회복하도록 이끌어 주는 것이 그 역할이고 이를 즐거운 마음으로 할 수 있다면 일에 보람 또한 많이 느낄 것이다. 간호사로서 준비된 자세를 얼마나 갖추었느냐가 그래서 중요하다.

간호는 환자와 간호사 간의 상호작용을 통한 대인 관계 속에서 표현되고 수행된다. 간호사는 자기가 경험하게 되는 환자와의 관계에서 오는 어려움을 적절한 방법으로 해소하지 못하거나, 또 갈등이 표출되면 간호사의 역할과 환자와의 관계의 질에 영향을 미칠 수 있다. 때문에 환자와의 대화를 통해서 많은 정보를 수집해야 환자를 이해할 수 있는 폭이 넓어진다는 것은 말할 필요가 없다. 그러나 환자와 바람직한 관계를 형성할 시간이 충분치 못한 것 또한 현실이다.

간혹 환자들은 간호사들은 희생과 봉사 정신으로 일해야 하므로 어떤 환자에게라도 간호사만 친절하면 된다고 생각할지도 모른다. 그러나 간호사도 사람이고 아프면 누구나 환자가 되므로 서로의 입장을 이해하는 자세가 필요한 것 같다. 원만한 관계는 일방통행만으로 이루어지는 것이 아니기 때문이다.

간호사의 입장에서 정말 감당하기 어려운 환자들이 있다는 것을 환자들은 알까? 간호사들이 어려워 하는 환자들은 어떤 유형들일까? 내가 간호사로 생활하면서 겪은, 특히 환자와의 관계에서의 고충을 몇 가지만 얘기해 보기로 하자.

아가씨가 아니라 간호사예요

먼저 호칭과 대우 문제이다. 간호사라는 호칭이 일반화된 지 오래지만 아직도 환자나 보호자 중에는 '간호원'이나 '아가씨'로 우리를 부르는 경우가 종종 있다. 드라마 등 각종 매체에서 그려지는 간호사의 이미지는 그다지 자긍심을 가질 만한 전문직으로 비춰지지 않고 있고 간호원이라는 말 또한 지금도 종종 사용되고 있다. 대학을 졸업하고 면허를 취득한 전문 의료인임에도 의사의 보조나 허드렛일만 하는 사람으로 알고 은근히 무시하려는 환자나 보호자들이 특히 '간호원' 혹은 '아가씨'로 부르는 경우가 많다.

자격지심인지는 몰라도 간호사들은 자신들이 전문직으로 대우 받고자 하는 욕구가 크다. 그것은 환자들과 밀접하고 중요한 업무를 수행하는 것에 비해 사회로부터 인정을 받지 못하는 것에 대한 서글픔 같은 것 때문이 아닐까. 의사의 처방에 대해 납득할 수 없다며 간호사에게는 불같이 화를 내더니 정작 의사 앞에서는 순한 양처럼 공손해지는 환자들을 대할 때면 참 씁쓸한 기분이 들기도 한다. 육체적으로 힘든 근무 여건보다도 반말을 하거나 간호원 혹은 아가씨라 부르며 함부로 대하는 환자들 때문에 상처 받는 간호사들이 있다는 것을 환자들은 알아야 한다.

물론 일반인들은 '간호사'가 아닌 '간호원' 또는 '아가씨'로 불리는 것이 그리 큰 스트레스가 될 수도 있다는 것을 이해하지 못할 수도 있다. 정말 별다른 의도나 악의 없이 무심코 '아가씨'라고 부르는 환자나 보호자도 있다. 그런 사람들에겐 우리도 무안하지 않게 웃으면서 "간호사로 불러 주시는 게 더 좋은데요."라고 말할 수 있다.

몇 년 전부터 병원에서는 환자 이름을 부를 때 ○○씨가 아니라 ○○님이라고 한다. 기왕 하는 말 듣기 좋게 불러 주는 게 상대방의 기분을 더 좋게 하는 것이 아닌가. 마찬가지이다. 간호사들도 원하고 있다. '아가씨', '어이~' '간호원'이 아니라 간호사로 불려지기를.

왜 하필 지금이냐구요!

병원은 늘 바쁜 일과의 연속이다. 그나마 장점이라면 정해진 업무만 하는데도 근무 시간이 굉장히 빨리 지나 지루할 틈이 없다는 것이다. 직장에서 빈둥거리며 시간을 보낸다? 병원 간호사들은 꿈도 꿀 수 없다. 문제는 적은 간호 인력에 일상적으로 정해진 업무 이외에도 돌발사태가 많다는 것이다. 그만큼 응급 상황이 발생하는 경우가 많은데 질병의 악화나 수술 후유증은 기본이고, 침대 위에 누워 있던 환자가 떨어지거나(아무래도 환자들이다 보니 움직이는 것조차 어려운 경우도 많다.), 산책을 하다가 갑자기 저혈압으로 의식을 잃고 쓰러진다거나, 식사 중 기도가 막힌다거나 하는 전혀 예측하지 못한 일들도 종종 벌어지곤 한다. 물론 이런 일들을 미연에 방지하기 위해 간호사들이 지속적으로 환자를 관찰하지만 보호자처럼 항상 함께 있을 수는 없기에 불가피한 경우도 있다.

이런 상황이 발생하면 우선 급한 환자들의 응급 조치를 하게 되는데 꼭 그럴 때 여태까지 잘 있다가 갑자기 불편함을 호소하면서 자기를 먼저 봐 달라고 아우성치는 얄미운 환자가 꼭 있다. 링거 줄에 약물이 제대로 떨어지지 않는다느니 너무 빨리 떨어진다느니 하며 당장 급하지 않은 것을 봐 달라고 조르기도 한다. 예민한 환자들 중엔 정말 심박동이 빨라지고 가슴이 답답한 경우가 있기도 하지만 대개의 경우 한 환자에게만 의료진이 몰리는 것을 불안해 하는 심리 때문인 것 같다. 이럴 땐 우선 응급 상황에 대처하는 것이 중요하므로 그리 위급하지 않은 환자들에겐 상황을 설명해 이해를 구하면 대다수의 환자들은 배려를 해 준다. 그러나 어디 그런 모범적인 환자만 있냔 말이다. 그동안에 자기는 죽으라는 것이냐며 호통을 치는 환자에게는 정말 대책이 안 선다.

항상 인력이 부족한 병원도 문제지만 자신만 우선적으로 돌봐 달라는 환자들 때문에도 간호사는 어찌해야 좋을지 몰라 난감할 때가 많다. 일단 문제의 우선 순위를 두고 하나하나 해결해 가며 환자를 차근히 이해시키는 수밖에 방법은 없다. 물론 쉽지 않지만….

좀 믿어 주세요

병원에서 치료를 받아도 병이 호전되지 않는 경우가 있다. 치유가 어려운 병이라서 그럴 수도 있고, 치료가 석설치 않았을 수도 있다. 병원에 와서 더 악화되는 듯 보이는 경우도 있다. 치료 효과가 금새 나타난다면야 설사 내키지 않는 치료나 검사가 있더라도 환자나 보호자나 그다지 거부감을 드러내진 않는다. 그러나 자신의 치료 과정에 적극적으로 개입하려는 환자는 의료진과 의견이 달라 치료 과정을 지연시키거나 의료인이 계획했던 방향에 역행하기도 한다. 흔히 방송에서 보도되곤 하는 의료 사고, 불필요한 검사 등 과잉 진료 등에 민감해진 요즈음 환자들은 생각보다 병원을 불신하는 경향이 훨씬 더 높다. 병세가 나아지지 않으면 무능한 병원이라고 하고, 입원을 하라거나 무슨 검사를 해야 한다고 하면 돈벌기에 혈안이 된 병원으로 몰아가기도 한다. 그런 병원인지 아닌지는 장담할 수는 없지만 환자를 위해 최선을 다하는 상황에서 그런 소리 듣는 것이 편치 않은 것도 사실이다.

의사의 처방을 직접 시행하는 간호사 입장에서는 치료에 순응하지 않고 자기주장만 하거나 계속 시간을 허비하며 대화를 유도하는 환자 때문에 난처해지기도 한다. 대다수의 의사들은 자신의 처방을 환자에게 상세하게 설명하지 않으므로 환자들은 나중에서야 원치 않는 처방에 대해 분노하고 경제적인 부담을 느끼는 환자들의 경우엔 청구서가 나온 뒤에 간호사를 추궁하기도 한다.

당신이 간호사라면 자신을 못 믿는 환자를 간호해야 하는 심정이 어떻겠는가? 하지만 간호사가 의사의 처방을 뒤집을 수는 없지만 환자의 입장을 고려하도록 노력하고 우선 환자들이 믿고 치료 받을 수 있는 신뢰 받는 병원의 이미지를 심어 주어야 한다. 자세한 설명과 세심한 배려가 필요한 부분이다. 의사의 말보다 자신이 믿는 간호사의 말에 더 의지하는 환자들도 있는 것을 보면 우리의 역할이 중요하다는 것을 실감한다. 환자의 의견을 의사와 다른 부서에 정확하게 전달하고 환자가 납득할 수 없는 부분을 확인하고 조율하는 것이 간호사의 업무 중 하나이다.

할 수 있는 건 좀 하세요

병원에는 여러 환자들이 있다. 혼자서는 움직이지 못하는 환자의 경우는 대소변을 보는 것은 물론이고 욕창이 생기지 않도록 자신의 몸을 조금씩 움직이는 것조차 불가능한 경우가 있다. 환자가 혼수 상태라면 그나마 모르고 지나갈 수나 있지만 의식은 또렷한데 몸이 말을 듣지 않는 환자들은 이런 상황을 매우 수치스러워 하기도 해서 간호사는 이런 환자들일수록 더욱 세심한 신경을 써야 한다.

나도 이런 상태의 환자들을 자주 대하지만 환자를 간호하는 것이 더럽다거나 귀찮게 느껴지거나 한 적은 전혀 없다. 환자 스스로 할 수 없는 부분이라 누군가의 도움을 받아야 하고 중환자실처럼 환자의 청결을 전담하는 분들이 없을 경우는 간호사가 직접 간호해야 하고, 또 그러는 것이 당연하다.

그러나 되려 몸을 가눌 수 있는 환자 중에 할 수 있는데도 아무것도 안 하려는 환자들이 있다. 물을 떠오라거나 이불을 치우라거나 신발을 가지런히 놓으라거나, 한마디로 끊임없이 잔심부름을 시킨다. 여유가 있다면야 그 모든 요구를 들어줄 수도 있겠지만 어디 그럴 수 있는 여건이 되는가 말이다. 또한 간호사는 여러 환자들을 돌보기 때문에 그런 요구에 일일이 응해서도 곤란하다. 환자들 스스로 할 수 있는 일은 스스로 해결하는 것이 더 좋다.

선진국에서는 병실에 보호자가 없어도 된다고 한다. 환자의 간호를 간호사가 전담할 수 있도록 인력과 여건을 갖추어 놓아 가능한 것이리라. 그러나 우리나라 대부분의 병원들은 보호자가 없이는 간호가 불가능해 보호자의 도움을 크게 받고 있는 실정이다.

하루 빨리 우리 병원들도 보호자 없이 간호할 수 있는 시스템이 정착되어 각 환자에게 최선의 간호를 제공할 수 있다면 얼마나 좋겠는가.

이 밖에도 간호 현장마다 환자와의 관계 형성에 어려움을 겪는 간호사들의 고충은 다양하게 표출되고 있을 것이다. 간호사들 나름대로 어려운 환자에게 대처하는 자기만의 방식을 찾고 있겠지만 간호사가 환자와의 치료적인 관계를 주도해 갈 수 있는 제반 여건이 갖추어지는 것이 급선무인 것 같다.

의료업도 서비스업이다. 환자들이 요구하는 의료 서비스의 수준이 높아질수록 간호사의 자질과 의학 지식에 대한 요구 수준도 높아지고 있다. 그런 요구에 부응하여 준비된 간호사들이 지금 이 순간도 큰 포부와 기대를 갖고 간호 현장으로 배출되고 있다. 그러나 그 간호사들이 현장의 어려움에 직면했을 때 좌절하지 않고 극복할 수 있는 힘은 대인 관계 속에서 찾을 수 있을 것이고, 이를 위한 이해의 폭을 넓히는 노력은 서로에게 필요할 것이다.

이 글을 읽고 누군가 한 사람이라도 간호사들의 고충을 이해하고 간호사를 대하는 태도가 조금이라도 변할 수 있다면 큰 기쁨이겠다.

간호사, 아는 만큼 보인다!

| 문성미 |
1975년 서울 출생. 1998년 고려대학교 간호학과를 졸업하고 고려대학교 부속 안암병원에 입사해 지금까지 인공신장실에서 일하고 있다. 이 글은 네이버 등 포털 사이트에서 네티즌들이 간호사에 대해 주로 궁금해 하는 질문들을 가려 뽑아 답한 것이다.

1. 간호사와 간호조무사는 어떻게 다릅니까?

간호사란 간호 전문 교육 기관 즉 3년제 혹은 4년제 간호대학(부록 참고)을 졸업하고 간호사 국가고시에 합격해 간호사 면허를 취득한 사람을 말합니다. 한편 간호조무사는 간호 전문 학원을 수료한 후 간호조무사 자격증을 발급 받은 사람들을 말합니다. 간호사보다는 간호조무사들이 훨씬 많이 배출되고 있습니다.

대학 병원이나 기업 병원에서는 간호사와 간호조무사가 함께 근무하는 경우가 대부분이지만 간혹 개인 병원의 경우 간호조무사들만 있는 경우도 있습니다. 간호조무사는 간호사에 비해 보수가 낮으므로 개인 병원에서는 비용 등의 이유로 간호조무사를 선호하기도 합니다.

간호사와 간호조무사의 업무는 차이가 있습니다. 대학 병원을 예로 들자면 간호사는 주로 의사의 오더를 받아 직접 환자와 접촉하는 업무를 수행하고, 간호조무사는 검사물과 차트를 운반하는 등 간호사의 보조 업무를 담당하고 있습니다.

의료법에는 주사를 놓거나 의료 기록을 작성하는 등의 전문 간호 행위는 간호사 면허를 가진 간호사들만 할 수 있다고 명시하고 있습니다만 현실적으로 그렇지 못한 경우가 많습니다.

2. 간호대학에 진학하면 주로 어떤 공부를 하게 됩니까?

기초 교과 과정에서는 생물과 화학의 비중이 높습니다. 간호학 자체가 사람의 신체를 다루는 학문이기 때문입니다. 대개 2학년부터 해부학, 생리학, 생화학, 미생물학, 약리학, 병리학 등 기초적인 의학 과목을 배우고, 3학년부터는 아동 간호학, 성인 간호학, 모성 간호학, 정신 간호학, 지역사회 간호학 등 본격적인 간호학 과정과 의료법, 의학 용어, 간호 철학 등을 배우게 됩니다. 3학년부터 졸업할 때까지 2년 동안은 학기 중 일정 기간 동안 병원에서 실습을 하며 현장 감각을 익힙니다.

3. 3년제 간호대학 졸업 간호사와 4년제 간호대학 졸업 간호사의 업무나 대우에 차이가 있습니까?

3년제 간호대학을 졸업하든지 4년제 간호대학을 졸업하든지 간에 간호사 국가고시를 치러 간호사 면허를 취득한 간호사들이므로 하는 일에서 차이는 없습니다. 또 전국적으로 3년제 간호대학이 63개, 4년제 간호대학이 54개(2003년 10월 기준, 대한간호학회)이므로 한 해에 배출하는 졸업생의 수도 3년제 간호대학이 더 많아 대부분의 병원에서는 3년제 간호대학을 졸업한 간호사의 비율이 더 높은 편입니다.

3년제 간호대학 졸업자와 4년제 간호대학 졸업자 간에 업무상의 차이는 없지만 보수 등 대우의 차이는 조금씩 있습니다. 모 대학 병원의 경우 신규 간호사의 경우 3년제 간호대학 졸업자보다 4년제 간호대학 졸업자의 호봉이 더 높습니다. 이는 4년제 간호대학 졸업자가 3년제 간호대학 졸업자보다 학업 기간이 1년 더 긴 것을 경력으로 인정해 주기 때문입니다. 간호사의 경우 일반 대기업만큼 학벌 차별이 뚜렷하다고 할 순 없지만 그렇다고 전혀 없지는 않습니다. 대학 병원의 경우 해당 대학 출신 간호사를 우대하거나 근무 부서 배치, 각종 승진에서 암암리에 혜택을 주고 있는 게 현실입니다. 만약 대학 병원이 있는 대학을 졸업한 간호사라면 다른 병원보다는 본교의 병원에서 근무하는 것이 더 유리한 경우가 많으므로 이를 참고하셔서 진로를 선택하는 것이 좋습니다.

이런 불평등한 현실에 실망하는 간호사들도 있고, 이 때문에 함께 근무하는 간호사들 간에 갈등이 생기기도 합니다. 개인적인 생각이지만 이를 해결하기 위해 하루 빨리 3, 4년제 간호대학 교육 제도가 일원화되어야 간호 현장에서의 갈등을 줄일 수 있고, 또 간호사들 간의 화합도 도모할 수 있다고 생각합니다.

4. 간호사 국가고시는 얼마나 어렵나요?

간호사 국가고시 난이도는 개인에 따라 차이가 있습니다. 공부를 많이 하면 할수록 쉽고, 공부를 적게 하면 당연히 어렵겠지요. 하지만 간호사 국가고시는 학업을 충실히 한 사람이라면 충분히 합격할 수 있을 정도의 난이도입니다. 대학마다 개인마다 차이는 있겠지만 떨어지는 것이 부끄러울 정도의 합격률입니다.

시험 문제의 유형도 대개 매년 비슷하고 간호학을 공부한 사람이라면 무난히 풀 수 있는 일반적인 문제들이 대부분입니다. 외우는 것보다는 이해할 정도로만 준비한다면 어렵지 않게 풀 수 있습니다. 보통 간호학과 졸업 시험이 국가고시보다 오히려 난이도가 높으므로 간호학과 졸업 시험에 통과한 사람이라면 충분히 답이 보이는 문제들이랍니다.

간호사 국가고시 과목은 기본 간호학, 성인 간호학, 아동 간호학, 모성 간호학, 정신 간호학, 지역사회 간호학, 간호 관리, 보건 의료 관계 법규 등 총 8과목이며, 합격 기준은 과목당 40점 이상, 전 과목 평균 60점 이상이면 됩니다. 평균 60점 이상이라 하더라도 한 과목이라도 40점 미만이면 과락으로 탈락합니다.

5. 간호사는 구체적으로 어떤 일을 합니까?

매스컴에 비치는 간호사의 일이라는 것이 주로 환자에게 주사하고, 차트를 들고 의사 뒤를 따라다니는 모습이 많았던 탓인지 보통 사람들은 간호사는 주로 투약과 의사 보조 역할을 하는 것으로 생각하는 듯합니다.

물론 의사의 처방에 따라 환자에게 주사, 투약 등의 적절한 간호를 하는 것이 간호사의 중요한 업무이기는 합니다만, 그것이 전부는 아닙니다. 환자에게 주사를 놓을 땐 부작용의 유무, 용량과 투약 방법의 적절성 여부, 지속 시간 등을 고려해 투약해야 함은 물론, 환자의 상태를 살펴 의사 처방 전 필요한 검사를 미리 받게 하는 것 역시 간호사의 일입니다. 의사 처방 처치 후 환자에게 부작용은 없는지 지속적으로 살피고 부작용이 나타날 경우 그 즉시 주치의에게 보고해서 다른 처방을 내리도록 해야 합니다.

이 외에도 환자의 식사량, 배설량 등 기본적인 사항에 대해 항상 체크하고, 환자 상태를 점검하는 등 처방을 하지 않을 뿐 간호사의 업무는 환자를 치료하는 모든 행위에 걸쳐 있다고 생각하시면 됩니다. 또 간호사의 업무는 자신이 속한 진료 과목에 따라 조금씩 차이가 있습니다. 일반적으로 중증의 위험도가 있는 내과, 외과, 산부인과 계열의 병동은 메이저 병동, 이비인후과, 안과, 비뇨기과 등은 마이너 병동으로 나뉘기도 합니다. 보통 메이저 병동은 환자 수가 많을 뿐 아니라 마이너 병동에 비해 '손이 많이 가는' 환자들이어서 자연히 많은 간호사를 필요로 하게 됩니다.

6. 간호사들은 어떻게 업무 분담을 합니까?

간호 업무는 팀 간호(Team Nursing)와 직무별 간호(Functional Nursing)로 구분됩니다. 우리나라 대부분의 병원에서 선택하는 간호 방법은 팀 간호입니다. 팀 간호는 같은 시간대에 근무하는 간호사들이 팀을 구성해 서로 보완해 가며 일을 하는 것이고, 직무별 간호는 간호사들이 자신에게 주어진 역할만 수행하는 것을 말합니다. 즉 주사를 놓는 간호사는 주사만 놓으러 다니고, 차트 기록과 검사를 맡은 간호사는 계속 차트와 검사 관리만 하는 것이지요.

보통 팀 간호 안에서 간호사 한 명은 15~24명의 환자를 책임집니다. 투약을 하고 환자들의 얘기도 들어주고 다른 문제는 없는지 관찰도 하는 등 그 환사에 관한 한 모든 간호 입무를 책임지기에 '팀딩 간호사'라고도 합니다. 환자로 입원했을 때 "무엇 무엇이 필요해요."라고 간호사에게 말하면 "담당 간호사에게 전해드리겠습니다." "저쪽 담당 간호사에게 직접 말씀하시겠어요?"라는 말을 듣게 되는 경우가 있었을 텐데, 이런 경우 그 간호사가 불친절해서 그렇게 답하는 게 아닙니다. 담당 간호사가 아닌 경우 환자에 대한 정보가 충분하지 않아 적절한 대처를 할 수 없기 때문에 담당 간호사에게 요구를 하라는 것이지요.

7. 간호사의 취업률은 어느 정도입니까? 병원 취업 시 고려해야 할 점이 있나요?

간호사라는 직종은 비교적 경기에 둔감합니다. 불경기라 하더라도 신규 졸업자의 경우 자신이 마음만 먹으면 취업하는 것은 어렵지 않습니다. 대학에 따라 조금씩 다르지만 간호학과의 경우 불경기라도 취업률 100%에 육박하지요. 자신의 의지로 간호사라는 직업을 선택하지 않는 간호학과 졸업생들을 제외하고는 거의 취업은 됩니다.

때문에 직장을 선택할 때 근무 여건이나 복지 혜택이 좋은 병원을 신중하게 선택하라고 권하고 싶습니다. 간호사의 일은 생각했던 것보다 훨씬 더 정신적으로도 육체적으로도 힘들기 때문입니다.

수간호사나 간호부 간부로 승진하기 위해서는 4년제 대학을 졸업하고 대학원을 마쳐야 가능한 병원이 많습니다. 그러나 혹 3년제 대학을 선택했다 하더라도 대학원까지 학비 보조를 해 주는 병원도 많고, 근무를 하면서 4년제 학위를 취득하는 간호사들도 많으므로 이 부분을 고려하는 것도 좋겠습니다.

8. 간호사의 연봉은 어느 정도입니까?

병원 규모에 따라 간호사 경력에 따라 간호사의 연봉도 크게 달라집니다.

대학 병원과 개인 병원은 병원의 규모와 진료 분야에 따라 구분되는데 병원 규모가 크고 진료 분야가 다양하다 하더라도 입원 환자를 수용할 수 있는 병상, 즉 침대 수에 따라 500병상 이상은 3차 종합 병원, 500병상 이하는 준종합 병원으로 구분됩니다.

간호대학 졸업 예정자들이 가장 선호하는 병원은 아무래도 3차 종합 병원입니다. 보통 병원의 규모가 클수록 일은 힘들지만 복지 제도가 상대적으로 잘 갖추어져 있고 급여도 높기 때문입니다. 병원마다 차이는 있지만 일반적으로 대학 병원 평균 초봉은 2300~2700만 원이며, 준종합 병원의 경우 1200~1800만 원, 개인 병원의 경우 1000~1400만 원 수준입니다.

같은 병원에서 근무하는 동일한 경력자라 하더라도 중환자실, 수술실, 응급실에서 근무하는 간호사들의 보수가 일반 병동 근무 간호사보다 조금 더 높습니다. 추가 수당이 있기 때문이지요.

현재 K대학 병원의 신규 간호사 연봉은 약 2400만 원, 5년차 간호사의 연봉은 대략 3000만 원 선이고, 대기업에 비해 호봉에 따른 임금 인상률은 낮은 편이라고 알고 있습니다.

흔히 타 직업군의 여성들과 비교해 연봉의 수준이 높다는 말을 듣곤 하는데 실제 노동 강도를 따져 보면 결코 높다고만 할 수 없는 실정입니다. 병원 측에서는 늘 최소한의 인원을 각 부서에 배치하기 때문에 간호사 한 명이 수십 명의 환자를 담당해야 하는 경우가 많고, 육체적으로 무리가 올 만큼의 노동을 해야 하는 것이 현실입니다. 이런 간호 현실 때문에 환자들에게 질 높은 '간호'를 제공하지 못하는 경우가 많고, 현상적으로는 보수가 많은 편임에도 불구하고 간호사의 이직률이 높은 것입니다. 환자 수에 따라 적절한 수의 간호사를 배치해야 하는 법이 있음에도 불구하고 이를 지키지 않는 병원이 있고, 간호사들이 과도한 노동으로 혹사당하는 경우가 많으므로 단지 보수만 따져서 비교할 수는 없는 것 같습니다.

9. 간호사의 진급 체계는 어떤지요?

병원마다 간호사의 직급은 다양합니다만 대체로 평(일반)간호사, 주임(책임)간호사, 수간호사, 간호부장(과장) 등으로 나눌 수 있습니다. 간호사들이 올라갈 수 있는 가장 높은 직위는 간호 부서의 대표로 간호부장입니다.

평간호사와 주임간호사는 보통 병원에서 환자를 돌보는 역할을 하며 수간호사부터 간호부장은 관리직으로 환자 간호가 아닌 각 부서가 원활하게 업무를 수행할 수 있도록 도와주고 감독하는 역할을 합니다.

보통 대학 병원, 3차 종합 병원의 수간호사가 되려면 석사 이상의 학력을 갖춰야 하는 경우가 많습니다. 그래서 3년제 간호대학 출신 간호사들은 방송대학이나 BSN 과정을 통해 학사 취득 후 석사를 취득하는 것이 일반적입니다.

4년제 대학 간호사들은 경력 10년 이상이 되면 일반 간호사에서 수간호사 이상으로 진급할 수 있는 자격이 주어지며, 승진 시험 성적과 근무 평점이 우수한 순서로 결원이 생길 때마다 진급하게 되지요. 각 병동별로 수간호사가 한 명씩 있으며, 병동 몇 개를 묶어 수간호사 중에서 간호과장과 간호부장을 임명하는 것이 대부분입니다.

얼마 전까지만 해도 간호부장이 되려면 20년 이상의 경력이 필요했지만 요즘은 경력보다 능력 위주로 승진이 이루어지는 추세입니다.

간호사 인사는 간호부 내에서 이루어지는 곳도 있고, 병원 인사과에서 총괄 관리하는 병원도 있습니다. 일선 간호 업무에 종사하는 간호사들이 3교대 근무로 육체적으로도 매우 힘든 데 비해 수간호사 이상이 되면 밤 근무나 휴일 근무가 없으므로 비교적 안정적인 생활이 가능하답니다.

10. 간호사의 정년은 어떻게 됩니까?

간호사의 정년 규정 역시 병원에 따라 조금씩 차이가 있습니다. 종합 병원의 경우 보통 간호사 정년이 60세이며, 모 대학 병원의 경우 간호사 정년은 55세입니다. 그러나 정년 연한을 채우고 퇴직하는 간호사들은 많지 않은 것 같습니다. 간호사 업무가 육체적으로 힘들고, 3교대의 경우 육아에 대한 부담으로 결혼 후 보건직 공무원이나 다른 업종으로 이직하는 경우도 많은 것으로 알고 있습니다.

또 간호사들은 승진이 쉽지 않고 설사 간호부장으로 승진했다 하더라도 연임할 수 없는 경우가 많은데, 간호부장으로 근무하다 임기를 마치면 다시 간호과장으로 강등되므로 그 전에 명예퇴직을 하는 경향이 높습니다.

간호부장의 연봉이면 신규 간호사를 한 명 더 채용할 수 있으므로 나이 많은 간호사의 퇴직을 종용하는 경우도 있습니다. 이는 관리직보다는 간호 실무를 담당하는 간호사의 수요가 훨씬 필요하기 때문이기도 하고, 인건비 때문이기도 합니다.

미국의 경우 간호사의 평균 연령이 40대라고 하는데 우리나라 간호사들의 경우 간부급을 제외하고는 40대 이후의 현장 간호사는 거의 찾아보기 어려운 실정입니다. 우리나라도 근무 여건이 개선되고 유무형의 퇴직 압박이 없어져서 연륜과 능력을 갖춘 나이 많은 간호사가 환자들에게 어머니처럼 따뜻하고 안정된 간호를 제공하는 모습을 더 자주 보게 되기를 기대합니다.

11. 간호사의 이직률은 어느 정도 되나요? 평생 직업으로서 가능성은요?

단순히 취업률이나 보수만으로 판단한다면, 여성에게 있어 간호사만큼 매력 있는 직업도 많지 않을 것입니다. 게다가 다른 직업보다 잔업에 따른 스트레스가 덜하고 출퇴근 시간이 비교적 정확하다는 점(비록 3교대 근무이긴 하지만), 아픈 사람을 돕는 일에 대한 보람이 피부로 느껴진다는 점도 간호사라는 직업의 장점이라 할 수 있습니다.

하지만 근무 시간에 따라 밤낮이 바뀌는 생활을 해야 하고, 휴일이 없는 근무 형태나 팽팽한 긴장 속에 예민해져 있는 의사, 환자, 보호자들과의 접촉에서 오는 스트레스, 실수가 환자의 생명과 직결되는 것에 대한 불안감 등으로 인해 간호사의 이직률은 높은 편입니다. 한 통계에 의하면 간호사의 이직률이 평균 15% 수준으로 결혼과 출산, 다른 병원으로의 이직, 진학, 유학 등이 주된 이유라고 합니다.

간호사 대부분이 여성이기 때문에 임신, 출산, 육아로 인한 공백으로 동료 간호사에게 본의 아니게 피해를 주는 상황이 되어 결혼을 하고 그만두는 젊은 간호사들도 많습니다. 병원에서는 항상 간호사 인원이 부족한데 간호사의 임신이나 출산으로 인한 공백을 남아 있는 간호사들이 해야 하는 경우가 많기 때문입니다. 다행히도 이러한 상황은 점점 나아지고 있습니다.

12. 병원에 취업하기까지 어떤 과정을 거치나요?

대학 병원이나 대형 기업 병원에 취업하기를 원한다면 학생일 때부터 학점 관리를 하는 것이 좋습니다. 대학 병원이나 대형 기업 병원에서는 학점을 중요하게 생각합니다. 간호사 신규 채용이 대부분 국가고시 합격 발표 후 간호사 면허증을 받기 이전에 이루어지므로 학교 성적과 병원에서 추구하는 간호사 이미지가 당락을 좌우한다고 보면 됩니다. 병원에 따라 성적 증명서 제출 대신 간호학과 논술 시험을 치르는 곳도 있습니다. 대학 병원의 경우 본교 출신은 무시험으로 해 본교 출신 졸업자들에게 혜택을 주며 뽑는 곳도 있습니다.

면접 시험은 병원 규모와 상관없이 대부분의 병원에서 시행하고 있습니다. 면접 시험에서는 특별히 어려운 질문은 없으므로 크게 부담을 느낄 필요가 없이 성의껏 답하면 됩니다. 왜 간호사가 되었는지, 개인이 생각하는 간호사 이미지는 어떤 것인지 등 직업관에 관계된 질문이 대부분입니다. 대학 재학 시절 사회참여 성향 혹은 소위 운동권 성향이 있는지 여부를 물어보는 질문을 하기도 하는데, 이는 병원 측에서 노사 문제로 노조와 갈등을 겪는 경우가 많아 미리 파악하고자 하는 의도로 생각됩니다. 만약 그 병원에 꼭 취업하고 싶다면 면접에서 그런 뉘앙스는 비치지 않는 것이 좋습니다.

또 일반 기업과 마찬가지로 신체검사도 시행합니다만 그 기준이 간호사라고 해서 더 엄격한 것은 아닙니다. 전염성 질환이나 간호사로서 직무 수행에 지장이 있을 정도의 장애만 아니라면 문제가 없는 것으로 알고 있습니다.

개인 병원의 경우 이력서와 면허증을 제출하는 서류 전형, 병원장 면접 과정을 통하는 것이 가장 일반적입니다. 개인 병원은 대부분 면접에서 합격 여부가 결정되는 것으로 알고 있습니다.

13. 간호사에게 특별히 요구되는 품성이 있는지요?

간호사 직무 중 가장 중요한 것은 환자를 간호하는 것이므로 그 어느 직업인보다 따뜻한 인정이 있어야 한다고 생각합니다. 병원을 찾아오는 사람은 누구나 많은 망설임과 불안감을 가지고 있습니다. 이처럼 심신이 나약해져 있는 환자와 보호자에게는 간호사의 작은 배려가 큰 힘이 됩니다. 간호사가 되려면 적어도 남을 먼저 배려하고 그 사람의 입장에서 생각할 수 있는 마음가짐이 있어야 합니다.

치료를 하기 위해서는 부득이 은밀한 부위를 노출할 수밖에 없는 환자들이 무안하지 않도록 잘 가려 주는 것과 같은 사소한 부분이나, 말을 잘 알아듣지 못하는 노인 환자나 보호자들을 위해 쉽게 설명하고 귀찮더라도 재차 설명하는 자세도 필요합니다.

때론 피가 철철 흐르고 사람의 장기가 드러나는 끔찍한 상황이나 광경에도 침착할 수 있는 담대함도 필요합니다. 아무리 응급 상황이라 하더라도 당황하지 않고 정확히 처치할 수 있는 신중함과 섬세한 손길이 환자들을 덜 고통스럽게 할 것입니다.

간호사는 수많은 환자들을 만나는 직업이므로 대인 관계에서 오는 스트레스가 많습니다. 처음부터 환자들과 부딪치지 않도록 적절히 대응할 수 있는 화술과 인내심도 필요합니다.

무엇보다도 간호사에게 요구되는 덕목은 정직함이라고 생각합니다. 간호사 업무 자체가 생명과 직결되는 것이 많으므로 간호사는 작은 실수도 용납되지 않습니다. 사소한 실수도 용납될 수 없는 상황이므로 숨기고 싶은 마음이야 이해 못하는 것은 아니지만 실수를 감추려고만 해서는 환자를 더욱 위험에 빠뜨리는 경우가 있으므로 정직하게 실수를 인정하고 후속 조치를 하는 것이 필요합니다. 물론 이런 실수를 예방하기 위해 끊임없이 공부해 정확한 지식을 갖추는 자세가 필요하구요.

이 글을 읽는 독자들 대부분은 병원에서 겪은 불쾌한 경험이 한 번쯤은 있을 거고, 그 경험 가운데에는 간호사가 원인을 제공한 것도 있겠지요. 냉정하고 무뚝뚝한 응대에 화가 치미신 적도 있지요? 간혹 동료 간호사가 보기에도 이해가 되지 않을 정도로 환자들에게 거만하고 불친절한 이들을 보기도 합니다. 어느 집단이나 좋은 사람과 나쁜 사람이 있기 마련이고, 간호사들은 항상 과중한 업무에 시달리는 경우가 많기 때문에 친절해야 함에도 불구하고 그렇지 못한 경우도 종종 발생하게 됩니다. 간호사가 되고 싶은 독자라면 이런 간호사를 거울 삼아 자신은 더 좋은 간호사가 되려 노력하는 게 어떨까요? 아플 때 힘이 되어 준 이만큼 고마운 사람이 없으니까요.

간호사라는 직업이 육체적으로 정신적으로 힘들기도 하고 때론 환자들의 과도한 요구로 피곤하지만 병들어 고통 받던 사람들이 건강을 찾는 데 도움을 줄 수 있는 건 큰 보람입니다.

14. 간호사도 의사처럼 자신이 원하는 과(병동)를 선택할 수 있나요?

서류에는 희망 부서를 적는 난이 있습니다만 개인의 바람대로 배치되는 것은 아닙니다. 따라서 자신이 원하는 과를 선택하는 것은 현실적으로는 불가능에 가깝습니다.

부서 배치는 간호부의 업무인데, 그때그때 병원 사정에 맞게 필요한 인력을 충원하는 것이 일반적이고 특히 간호사 취업 과정이 간호사 채용 시험에서 합격이 되어도 곧바로 발령이 나는 것이 아니라 빈 자리가 생길 때까지 대기 발령 상태로 있는 경우가 대부분입니다. 대기 발령은 짧게는 몇 개월, 운이 없을 경우 1~2년이 걸리기도 합니다. (3

차 종합 병원의 경우) 따라서 언제 어느 부서에 빈자리가 날지 예상 불가능이므로 처음 입사할 때부터 자신이 원하는 과를 선택하는 것은 어렵습니다. 대신 어느 정도 경력이 쌓이면 상황에 따라 본인이 원하는 과로 바꾸는 것은 가능합니다.

15. 간호사끼리, 의사와 간호사들끼리는 어떻게 부릅니까?

간호사들끼리 보통 '선생님'이라는 호칭을 사용합니다. 간호사는 의사를 '선생님'이라 부르고, 의사들은 간호사를 부를 때 '선생님'이라는 호칭을 사용하는 경우도 없진 않으나 아직까지는 '김 간호사' '이 간호사' 등 성을 붙여 부르는 것이 일반적입니다.

16. 왜 요즘은 간호사들이 캡을 쓰지 않나요? 또 치마를 입지 않는 간호사들이 많은 이유는 무엇인지요?

하얀 치마에 하얀 캡. 간호사 하면 떠오르는 이미지지요. 몇 년 전까지만 해도 간호사들은 하얀 치마에 하얀 캡을 쓰고 간호를 했습니다. 하지만 이 복장은 보기에는 좋을지 몰라도 실제로 간호사 업무를 수행하는 데에는 너무나 불편합니다. 캡을 쓰면 머리 모양에도 제약이 따르고, 캡을 고정시키기 위해 꽂아야 하는 수많은 실핀들이 머리를 쑤실 뿐 아니라, 환자에게 링거 주사를 놓을 때마다 여기저기 걸려 빠지기 일쑤입니다. 그야말로 상징적인 의미만 남아 있는 것이지요.

간호사 업무를 하다 보면 침상 위로 올라가 전혀 움직일 수 없는 환자를 안아 올려야 할 때도 많은데 치마를 입은 경우에는 이 일을 하는 게 여간 난감한 것이 아닙니다. 또 이런 일이 아니더라도 치마보다는 바지가 활동성 면에서 뛰어나다는 것은 말할 필요가 없지요.

이런 이유 때문에 그동안 간호사들은 끊임없이 복장 문제를 제기해 왔고 그 결과로 요즘은 바지든 치마든 간호사 개인이 원하는 대로 입을 수 있으며, 캡을 쓰지 않아도 됩니다.

옷 색깔 역시 획일적인 차가운 흰색에서 무늬도 있고 색깔도 다양한 디자인이 개발되어 흰 옷만 봐도 울먹이던 아이들도 많이 줄었지요. 병원에 따라 특색도 있어서 가끔 드라마에 나오는 간호사 유니폼만 봐도 어느 병원인지 구별할 수 있을 정도입니다.

독자들 입장에서는 흰 치마, 흰 캡으로 상징되는 '백의의 천사' 간호사 이미지가 흐려져 서운해 할 사람도 있겠지만 흰 치마와 흰 캡은 간호 그 자체에는 오히려 방해되는 존재였다고 할 수 있지요. 간호사로서의 올바른 마음가짐과 자세만 있다면 어떤 복장으로 일하는지가 뭐가 문제 되겠습니까?

17. 간호원, 간호사 뭐가 다릅니까?

간호원에서 간호사로 호칭이 변한 것은 지난 1987년 관계 법령이 바뀌면서부터 시작되었습니다. '간호원' '간호사'는 단지 호칭의 변화가 아니라 간호사의 위상이 한 단계 높아졌다는 의미를 포함하고 있습니다. 보통 '사'(師)라는 것은 전문 직종에 종사하는 사람들에게 붙이지요. 판사, 검사, 변호사, 회계사라고 하지 판원, 검원, 변호원, 회계원이라고 하지 않는 것처럼. 의사라는 직업이 전문직으로 부상하며 '의원'에서 '의사'로 바뀐 것과 일맥상통한다고 할 수 있습니다. 즉 간호사는 의사와 동등하게 법징 자격을 가지고 의사의 진료를 도와 환자를 간호하는, 의사의 조수가 아니라 하나의 독립된 전문직으로 인식하는 의미가 포함되어 있는 것입니다. 의료 행위를 하는 전문가를 '의사'

라고 부르면서 간호 행위를 하는 전문가를 '간호원'이라고 부르는 것은 그 직업을 천시하는 태도라는 것이지요.

아직도 일부 방송 프로그램에서는 '간호원'이라는 호칭이 쓰이고는 있지만 이제는 간호사라는 호칭이 정착되고 있습니다.

병원에서 근무하다 보면 환자나 보호자 중 저를 '간호원'이나 '아가씨'라고 부를 때가 있는데 별로 기분이 좋지는 않습니다. 일종의 자격지심이라고나 할까요. 하지만 호칭이 그렇게 중요하다고는 생각하지 않습니다. 간호사의 경우 전문직임이 분명하지만 넓은 의미로는 환자에 대한 서비스직에 가깝고, 환자들에게 서비스를 해 주어야 하는 입장에서 스스로 전문직으로 대우 받는 것만 강조하는 것 같아서요.

스스로 자신의 직업에 자부심이 있고 그만큼의 능력과 실력을 갖추었다면 호칭이 뭐가 그리 중요할까 싶습니다. 간호부, 혹은 간호원이 간호사로 명칭이 바뀌었다고 해서 청소부가 환경미화원으로 호칭이 바뀌었다고 해서 업무의 질이 달라지는 것은 아니니까요. 하지만 이는 순전히 제 개인적인 생각입니다.

간호사라는 직업을 존중하고 전문직으로 인정하는 사회적인 풍토를 확산하는 의미도 있으니 간호원보다는 간호사라고 부르는 것이 좋겠습니다. 적어도 병원에 가셨을 때 '간호원'이라고 한번 불러보세요. 분명 그 간호사의 표정이 좋지 않은 경우가 대부분일 겁니다. 간호사도 사람인데 아무래도 간호사라 불러주며 호칭에서 기본적인 예우를 해 주는 것이 더 유쾌하지 않을까요?

18. 간호사가 되면 의사와 결혼하기 쉽다고 하던데 사실인가요?

일반 직장에서도 사내 연애 및 결혼이 있는 것처럼 의사와 간호사

역시 같은 공간에서 근무하므로 간호사와 의사가 결혼하는 경우가 전혀 없다고는 할 수 없지만 그리 일반적이지는 않습니다.

간호사는 의사와 결혼하기 쉽다는 오해는 아마도 병원을 배경으로 한 TV 드라마나 영화에서 의사와 간호사의 사랑이 빠지지 않고 등장하는 것에서 비롯된 것이 아닌가 생각합니다. 예전에 방영되어 인기를 모았던 TV 드라마 〈종합 병원〉이나 우리에게 친숙한 일본 만화 〈나이팅게일〉에서 대표적으로 의사와 간호사와의 사랑이 소재로 등장했지요. 하지만 이는 현실의 반영이라기보다는 작품을 좀 더 극적으로 이끌어 가기 위한 하나의 장치일 뿐이라고 생각합니다.

19. 간호사를 오래하면 의사가 될 수 있나요?

간호사 경력이 많다고 해서 의사가 될 수는 없습니다. 당연한 것인데도 간혹 사람들 중에는 이런 기본적인 사실조차 모르는 분들이 계시더군요. 간호사는 간호사 면허를 갖고 있어야 되며, 의사는 의사 면허를 갖고 있어야 합니다. 만약 현직 간호사가 의사가 되려면 일반인들과 마찬가지로 의과대학을 졸업하고, 의사 국가고시에 합격해야 합니다. 2005년부터 의학대학원 제도가 생기니 의학대학원을 진학해도 가능할 것 같습니다.

20. 남자도 간호사가 될 수 있습니까?

당연히 될 수 있습니다. 간호사의 업무 중에는 육체적인 힘이 꼭 필요한 경우도 많고 또 간호사 업무에 적합한 사질을 갖고 있는 남자들도 있으니까요. 최근에는 남자 간호사들도 조금씩 그 숫자가 늘고 있습니다.

부록 1

간호사에 대해 알 수 있는 영화와 만화

영화

| 간호사의 일 |

장르 : 코미디   국가 : 일본   감독 : 모로사와 카즈유키
출연 : 미즈키 아리사, 마츠시타 유키, 간다 우노, 후지키 나오토, 이시하라 요시즈미

1997년부터 2000년에 걸쳐 세 차례나 방영되며 많은 인기를 얻었던 TV 드라마 시리즈를 영화화한 작품. 이 드라마는 종합 병원에서 근무하는 간호사들의 일, 결혼, 육아 등을 테마로 직장 여성의 삶을 잘 담아 냈다. 4년차 간호사로 늘 수간호사에게 당하고 동료들에게도 곱지 않은 시선을 받으며 어렵게 직장 생활을 하는 이즈미가 주인공. 이 드라마는 이즈미가 겪는 직장 생활의 애환과 병원 내 에피소드를 잘 묘사해 호평을 받았다. 드라마는 이즈미가 수간호사로 승진하고 레지던트와 결혼을 하는 것으로 끝났다. 이 드라마가 영화로 만들어지게 된 것은 시청자들로부터 이즈미의 신혼 생활을 보여 달라는 강력한 요청이 있었기 때문이나. 영화는 퇴원한 지 얼마 되지 않은 한 환자가 친절하게 자신을 돌보아 준 간호사를 잊지 못해 재입원을 시도하는 에피소드로 시작되며, 여기에 이즈미의 결혼 생활의 갈등과 후회가 함께 어우

러진다. 그러나 영화는 드라마만큼 좋은 반응을 얻지는 못했다. 영화 외에 TV 시리즈도 비디오로 출시되어 있다.

| 그녀에게(베니그노) |

장르 : 드라마/멜로　국가 : 스페인　감독 : 페드로 알모도바르
출연 : 하비에르 카마라, 다리오 그란디네티

사고로 혼수상태에 빠진 두 여자와 그녀들을 사랑하는 두 남자의 사랑을 담은 스페인 영화. 베니그노와 알리샤, 마르코와 리디아 네 주인공은 영화 초반부에는 별개의 커플로 등장한다. 두 커플의 사랑 이야기가 교차되다 네 사람이 만나게 되는 공간이 바로 병원이다.

첫 번째 커플의 남자 주인공 베니그노는 오랫동안 아픈 어머니를 보살펴 온 효자 간호사. 어머니의 죽음 이후 우연히 발레 학원에서 춤을 추고 있는 알리샤를 사랑하게 된다. 알리샤는 교통사고로 식물인간이 되고 베니그노는 알리샤를 4년 동안 사랑으로 보살핀다. 파란 간호사 가운을 입은 베니그노가 식물인간으로 누워 있는 알리샤에게 옷을 입혀 주고, 화장과 머리 손질을 해 주고, 책을 읽어 주며 살아 있는 사람을 대하듯 세상 이야기를 들려주는 모습은 놓칠 수 없는 명장면이다.

두 번째 커플인 마르코와 리디아는 잡지사 기자와 취재원(여성 투우사)으로 만나 사랑이 싹튼 사이. 투우 경기 도중 리디아가 사고로 다쳐 식물인간이 돼 병원에 입원하며 이들의 사랑은 절망에 빠진다.

각각 사랑하는 여인이 식물인간이 돼 병원에 모이게 된 네 사람. 같은 처지의 두 남자는 서로 의지하며 좋은 친구가 된다.

자신의 연인을 극진히 간호하는 남자들의 아름다운 모습이 관객의 마음을 사로잡으며 멜로드라마의 길을 걷던 영화는 해피엔딩으로 끝나

기를 바라는 관객의 요구를 저버린 채 영화를 본 모든 이들이 결말의 의외성을 이야기할 정도로 비극적으로 전개된다. 2003년 최고의 영화로 선정되었으며 우리에겐 익숙지 않은 남자 간호사의 모습을 엿볼 수 있다.

| 성원 |

장르 : 드라마   국가 : 중국   감독 : 마초성   출연 : 장백지, 임현제

장애를 가진 남자와 간호사의 애절한 사랑을 그린 홍콩판 〈사랑과 영혼〉. 〈첨밀밀〉에 버금가는 흥행을 거두며 여주인공 '초란' 역의 장백지가 스타덤에 오른 영화이다.

주인공 양파는 어린 시절 가족을 잃고 병원에서 홀로 살아가는 중증 장애인으로 앞도 못 보고 말도 하지 못한다. 이런 양파의 유일한 희망은 바로 간호사 초란. 간호사 초년생인 초란은 덤벙거리는 성격 때문에 늘 주위 사람에게 미안하다는 말을 달고 사는 천방지축 간호사이다. 그러나 병든 사람을 돌보는 자신의 일을 누구보다 사랑하며, 한 달에 한 번씩 양파의 머리를 깎아 주며 극진히 돌본다.

그러던 어느 날 양파가 교통사고로 목숨을 잃게 된다. 양파의 죽음으로 초란은 자신이 양파를 사랑하고 있었음을 깨닫고 병원에 남은 양파의 자취를 느끼며 괴로워한다. 양파는 저승사자에게 초란에게 마지막 인사를 하고 싶다고 간곡히 부탁하고, 다른 사람의 몸을 빌려 초란을 찾아간다. 양파에게 주어진 이승에서의 시간은 단 5일. 그러나 다른 사람의 몸을 빌려 나타난 양파를 초란이 알아보지 못하고 두 사람의 만남은 자꾸 비껴만 간다. 드디어 마지막 날 밤 옥상에서 유성 쇼를 기다리며 두 사람은 극적으로 서로를 알아보게 되고 때마침 하늘에서 수

백, 수천 개의 유성이 쏟아진다. 양파는 "다시 만날 날을 기다릴게요."라는 초란의 말을 들으며 하늘로 올라간다.

"난 이제 별똥별의 의미를 안다. 그건 하늘이 뿌리는 눈물이었다."란 명대사를 남긴 최루성 멜로 영화이다.

| 잉글리쉬 페이션트 |

장르 : 드라마 국가 : 미국 감독 : 안소니 밍겔라 출연 : 랄프 파인즈, 줄리엣 비노쉬, 윌렘 대포

2차 대전 중의 이태리 수도원과 카이로 사막을 배경으로 한 작품으로 영국인 소설가 마이클 온디체의 베스트셀러 소설을 영화화한 가슴 저린 전쟁 로맨스 영화. 2차 대전이 끝날 무렵 이태리 수도원에 심한 화상을 입은 환자가 이송된다. 기억을 잃어 '영국인 환자'라고만 기록된 이 환자의 간호를 맡은 한나는 병사들 사이에 '천사'라고 불릴 정도로 헌신적인 간호사이다. 영국인 환자의 생이 얼마 남지 않았음을 안 한나는 상관에게 부탁해 폭격으로 폐허가 된 인근 빌라에서 홀로 그를 간호하기에 이른다. 그를 간호하며 한나는 진통제 모르핀으로 몽롱한 상태에서 그가 중얼거리는 회상을 듣는다.

'영국인 환자'의 이름은 알마시. 국제 지리학회 팀의 일원으로 북부 사막 지대의 지형을 조사해 지도로 작성하는 일을 하는 알마시는 사막에서 영국인 귀족 부부 제프리 클리프튼과 캐서린 클리프튼을 만난다. 알마시와 캐서린은 처음 보는 순간 사랑에 빠진다. 두 사람의 사랑을 눈치 챈 남편 제프리는 캐서린을 경비행기에 태운 채 알마시에게 돌진해 자신은 목숨을 잃고 캐서린은 심한 부상을 입게 된다. 캐서린을 구한 알마시는 동굴에 그녀를 남겨놓은 채 구조 요청을 하러 떠난다. 우여곡절 끝에 동굴로 돌아가지만 기다리고 있는 건 캐서린의 죽음과

그녀가 남긴 편지뿐이다.

알마시는 자신의 아픈 과거를 한나에게 모두 이야기하고, 간호사 한나에게 모르핀으로 자신을 잠들게 해 줄 것을 부탁한다. 한나는 눈물을 흘리며 그의 마지막 소원을 들어준다.

작품 속에서 한나의 역할은 그리 크지 않지만 죽음을 앞둔 환자의 육체적 아픔과 정신적 아픔을 동시에 치유하는 상징적인 모습으로 간호사의 세계를 그리고 있는 점에서 의미가 깊은 영화이다. 아카데미 9개 부문 수상, 골든 글로브 2개 부문 수상작.

만화

| 못 말리는 간호사 |

작가 : 사사키 노리코   국가 : 일본

만화를 본 현장 간호사들이 작가가 현직 간호사이거나 간호사 출신이라고 의심할 정도로 생생한 간호 현실을 담은 만화. 바보스러울 정도로 황당한 신참 간호사 유키에가 환자들과 생활하며 겪는 에피소드들이 시추에이션 형식으로 그려져 있다.

초보 간호사에게 주사를 맞기 싫다는 환자와의 작은 실랑이부터 말기 암 환자가 자신의 병명을 알기 위해 좌충우돌하는 눈물 어린 에피소드 등 만화는 병원 내에서 일어나는 간호사와 환자 간의 일상을 세밀하게 그리고 있다. 이 책의 가장 큰 재미는 단연 자신의 감정에 솔직한 간호사 유키에와 환자와의 대결. '백의의 천사' 이미지의 친절 간호사가 아닌 자신의 감정에 솔직하고, 때로는 실수하며 환자들과 충돌하는 유키에를 따라가다 보면 간호사도 인간이라는 생각이 들며 유키에를 좋아하게 된다.

| 응급하트 치료실 |

작가 : 오키노 요코   국가 : 일본

의사와 결혼하기 위해 간호사가 된 스가노를 주인공으로 내세운 코믹만화. 스가노는 귀찮은 환자가 들어오면 대놓고 싫은 티를 내는 한 마디로 '무대뽀' 간호사이다. 환자들에게 "그래, 너네 진짜 잘났다!"부터 시작해서 "젠장"에 이르기까지 못하는 말이 없을 정도. 환자에게 한 대 맞으면 그 자리에서 두 대를 때려야 직성이 풀리는 성격이다. 이런 스가노의 솔직한 행동은 오히려 마음의 병을 앓고 있는 환자들에게 따뜻하게 다가가 환자 스스로 병을 이겨 내도록 돕는 힘이 된다. 응급하트 치료실이란 제목에는 마음의 병까지 치료하는 병원이라는 의미가 담겨 있기도 하다. 스가노의 행동은 간호사의 현실을 전혀 반영하고 있지는 못하지만 황당한 내용에도 불구하고 간호사들에게 대리만족을 느끼게 하는 묘한 매력이 있는 작품이다.

| 나이팅게일 다이어리 |

작가 : 마쓰모토 후미코   국가 : 일본

대학 병원 입원 병동 간호사 하나의 일과 사랑 이야기. 3년차 간호사 하나가 만나는 다양한 환자의 모습이 생생하게 그려져 있다. 무능한 남편 때문에 화를 내는 부인, 첫사랑에게 고백하려던 순간 "배가 나왔다."는 말에 상처 받아 거식증에 걸린 여대생, 뇌출혈로 쓰러졌던 70대

할아버지와 실습생의 만남, 수면 무호흡 증세를 일으키는 40대 선생님과 제자였다가 결혼에 성공한 20대 부인 등 환자들의 사연이 잔잔한 감동을 전한다. 간호사 하나는 환자들의 작은 사연에 귀를 기울이며 몸과 마음의 병을 모두 치유해 주는 실력 있는 간호사로 등장한다. 간호사 하나가 환자에 대해 이야기하는 대상은 같은 병원에서 근무하는 수련의 쇼헤이. 의사와 간호사가 연인 관계로 설정되어 있다.

| 왕십리 종합 병원 |

작가 : 김진태 국가 : 한국

간호사가 중심이진 않지만 한국 만화에서 드물게 병원을 소재로 한 작품이다. 만화에 등장하는 왕십리 종합 병원은 한 마디로 엽기적인 의사와 간호사가 일하는 공간이다. 폼은 잡지만 단 한 번도 환자를 치료하지 않는 웅담 선생, 한 시간 만에 100가지 병을 고쳐 '치료지왕'에 오르지만 간 이식 수술 도중 간을 잃어버려 병원에서 쫓겨나는 의사, 환자 얼굴에 주사바늘을 촘촘히 꽂아 놓고서 마취를 하지 않았다는 사실을 뒤늦게 알고 기겁하는 의사, 엄청난 힘의 소유자로 아이들을 싫어하는 수간호사 등 황당한 인물들이 등장한다. 등장 인물은 엽기적이라고 할 만큼 비현실적이지만 작가가 병원 취재는 물론 의학 서적을 탐독하면서 만든 작품으로 의학 전문 용어도 심심찮게 등장해 사실감을 더한다.

부록 2

전국 간호대학 일람표

지역	대학명	주소	전화번호
강원	강원관광대학 간호과	강원도 태백시 대학길 97	033-550-6370
	세경대학교 간호과	강원도 영월군 영월읍 하송로 197	033-371-3152
	송곡대학교 간호과	강원도 춘천시 남산면 송곡대학길 34	033-260-3699
	송호대학교 간호과	강원도 횡성군 횡성읍 남산로 210	033-340-1175
	가톨릭관동대학교 간호학과	강원도 강릉시 범일로 579번길 24	033-649-7610
	강릉영동대학교 간호학과	강원도 강릉시 공제로 357	033-610-0301
	강릉원주대학교 간호학과	강원도 원주시 남원로 150	033-760-8640
	강원대학교 간호학과	강원도 춘천시 강원대학길1	033-250-8880
	도계캠퍼스	강원도 삼척시 도계읍 황조길 346	033-540-3360
	경동대학교 간호학과	강원도 고성군 토성면 봉포4길 46	033-639-0330
		강원도 원주시 문막읍 견훤로 815	033-738-1450
	상지대학교 간호학과	강원도 원주시 상지대학길 83	033-738-7620
	연세대학교(원주캠퍼스) 간호학부	강원도 원주시 일산로 20	033-741-0385
	한림대학교 간호학부	강원도 춘천시 한림대학길 1	033-248-2710~1
	한림성심대학교 간호학과	강원도 춘천시 동면 장학길 48	033-240-9460
경기	경민대학교 간호과	경기도 의정부시 서부로 545	031-828-7460
	부천대학교 간호과	경기도 부천시 원미구 신흥로 56번길 25	032-610-0830
	서정대학교 간호과	경기도 양주시 은현면 화합로 1049-56	031-860-5159
	경복대학교 간호학과	경기도 포천시 신북면 신평로 154	031-539-5359
	대진대학교 간호학과	경기도 포천시 호국로 1007	031-539-1870
	동남보건대학교 간호학과	경기도 수원시 장안구 천천로 74번지 50	031-249-6489
	두원공과대학교 간호학과	경기도 안성시 죽산면 관음당길 51	031-8056-7310
	수원과학대학교 간호학과	경기도 화성시 정남면 세자로 288	031-350-2429

지역	대학명	주소	전화번호
	수원대학교 간호학과	경기도 화성시 봉담읍 와우안길 17	031-229-8304
	수원여자대학교 간호학과	경기도 수원시 권선구 온정로 72	031-290-8105
	신경대학교 간호학과	경기도 화성시 남양로 400	031-369-9206
	신한대학교 간호학과	경기도 동두천시 벌마들로 40번길 30	031-870-3490
	아주대학교 간호대학	경기도 수원시 영통구 월드컵로 164	031-219-7007
	안산대학교 간호학과	경기도 안산시 상록구 안산대학로 155(일동)	031-400-6920
	여주대학교 간호학과	경기도 여주군 여주읍 세종로 338	031-880-5379
	용인송담대학교 간호과	경기도 용인시 처인구 동부로 61	031-330-9466
	을지대학교(성남캠퍼스)	경기도 성남시 수정구 산성대로 553	031-740-7237
	차의과학대학교 간호학과	경기도 포천시 해룡로 120	031-850-9327
	평택대학교 간호학과	경기도 평택시 서동대로 3825	031-659-8296
	한세대학교 간호학과	경기도 군포시 한세로 30	031-450-5382
	국제대학교 간호과	경기도 평택시 장안웃길 56	031-612-9450
경남	경남도립거창대학교 간호과	경남 거창군 거창읍 정장길 64	055-254-2860~3
	창원문성대학교 간호과	경남 창원시 의창구 충혼로 91	055-279-1004
	가야대학교 간호학과	경남 김해시 삼계로 208	055-330-1085
	거제대학교 간호학과	경남 거제시 마전1길 91	055-680-1583
	경남과학기술대학교 간호학과	경남 진주시 동진로 33	055-751-3650
	경남대학교 간호학과	경남 창원시 마산합포구 경남대학로 7	055-249-6418
	경상대학교 간호대학	경남 진주시 진주대로 501	055-772-8200
	김해대학교 간호과	경남 김해시 삼안로 112번길 198번지	055-320-1618
	동원과학기술대학교 간호과	경남 양산시 명곡로 321번지	055-370-8263
	마산대학교 간호학과	경남 창원시 마산회원구 내서읍 함마대로 2640	055-230-1259
	부산대학교 간호대학	경남 양산시 물금읍 금오로 20	051-510-8306
	영산대학교 간호학과	경남 양산시 주남로 288	055-380-9430
	진주보건대학교 간호학부	경남 진주시 의병로 51	055-740-1830
	창신대학교 간호학과	경남 창원시 마산회원구 팔용로 262	055-250-3171
	창원대학교 간호학과	경남 창원시 의창구 창원대학로 20	055-213-3570
	한국국제대학교 간호학과	경남 진주시 문산읍 동부로 965	055-751-8114
경북	구미대학교 간호과	경북 구미시 야은로 37	054-440-1173
	서라벌대학교 간호과	경북 경주시 태종로 516	054-770-3755
	영남외국어대학교 간호과	경북 경산시 남천면 남천로 780-9	053-810-7754

지역	대학명	주소	전화번호
	포항대학교 간호과	경북 포항시 북구 흥해읍 신덕로 60	054-245-1324
	가톨릭상지대학교 간호학과	경북 안동시 상지길 45	054-851-3260
	경북과학대학교 간호학과	경북 칠곡군 기산면 지산로 634	054-979-9473
	경북전문대학교 간호학과	경북 영주시 대학로 77	054-630-5142
	경운대학교 간호학과	경북 구미시 산동면 강동로 730	054-479-1380
	경일대학교 간호학과	경북 경산시 하양읍 가마실길 50	053-600-5660
	경주대학교 간호학과	경북 경주시 태종로 188	054-770-5323
	경북보건대학교 간호학과	경북 김천시 대학로 168	054-420-9213
	김천대학교 간호학과	경북 김천시 대학로 214	054-420-4226
	대경대학교 간호학과	경북 경산시 자인면 단북1길 65	053-850-1491
	대구한의대학교 간호학과	경북 경산시 한의대로1	053-819-1886
	동국대학교 간호학과	경북 경주시 동대로 123	054-770-2622
	동양대학교 간호학과	경북 영주시 풍기읍 동양대로 145	054-630-1373
	문경대학교 간호학과	경북 문경시 호계면 대학길 161	054-559-1222
	선린대학교 간호학과	경북 포항시 북구 흥해읍 초곡길36번길 30	054-260-5501
	안동과학대학교 간호학과	경북 안동시 서후면 서선길 189	054-851-3550
	위덕대학교 간호학과	경북 경주시 강동면 동해대로 261	054-760-1770
	호산대학교 간호학과	경북 경산시 하양읍 대경로 105길 19	053-850-8178
	국립안동대학교 간호학과	경북 안동시 경동로 1375	054-820-6715
광주	광주대학교 간호학과	광주광역시 남구 효덕로 277	062-670-2262
	광주보건대학교 간호학과	광주광역시 광산구 필문대로 419번길 73	062-958-7686
	광주여자대학교 간호학과	광주광역시 광산구 여대길 201	062-950-3722
	기독간호대학교 간호학과	광주광역시 남구 백서로 70번길 6	062-650-8000
	남부대학교 간호학과	광주광역시 광산구 첨단중앙로 23	062-970-0153
	동강대학교 간호학과	광주광역시 북구 동문대로 50	062-520-2346
	서영대학교 간호학과	광주광역시 북구 서강로 1	062-520-5174
	송원대학교 간호학과	광주광역시 남구 송암로 73	062-360-5849
	전남대학교 간호학과	광주광역시 동구 백서로 160	062-530-4940
	조선간호대학교 간호학과	광주광역시 동구 필문대로 309-2	062-231-7300
	조선대학교 간호학과	광주광역시 동구 필문대로 309	062-230-6354
	호남대학교 간호학과	광주광역시 광산구 어등대로 417	062-940-5068
대구	경북대학교 간호대학	대구광역시 중구 국채보상로 680	053-420-4925
	계명대학교 간호대학	대구광역시 달서구 달구벌대로 1095	053-580-3911

지역	대학명	주소	전화번호
	계명문화대학교 간호학과	대구광역시 달서구 달서대로 675	053-589-7590
	대구가톨릭대학교 간호대학	대구광역시 남구 대명4동 3056-6	053-650-4822
	대구과학대학교 간호대학	대구광역시 북구 영송로 47	053-320-1055
	대구대학교 간호학과	대구광역시 남구 성당로 50길 33	053-650-8390
	대구보건대학교 간호학과	대구광역시 북구 영송로 15	053-320-1461
	대구한의대학교 간호학과	대구광역시 수성구 신천동로 136	053-770-2285
	수성대학교 간호학과	대구광역시 수성구 달구벌대로 528길 15	053-749-7248
	영남이공대학교 간호대학	대구광역시 남구 현충로 170	053-650-9380
	영진전문대학교 간호학과	대구광역시 북구 복현로 35	053-940-5430
대전	우송정보대학교 간호과	대전광역시 동구 동대전로 171	042-629-6740
	건양대학교 간호학과	대전광역시 서구 관저동로 158	042-600-6340
	국군간호사관학교 간호학과	대전광역시 유성구 자운로 90번길	042-862-5265
	대전과학기술대학교 간호학부	대전광역시 서구 혜천로 100	042-580-6270
	대전대학교 간호학과	대전광역시 동구 대학로 62	042-280-2650
	대전보건대학교 간호학과	대전광역시 동구 충정로 21	042-670-9370
	배재대학교 간호학과	대전광역시 서구 배재로 155-40	042-520-5312
	우송대학교 간호학과	대전광역시 동구 동대전로 171	042-630-9290
	을지대학교(대전캠퍼스) 간호대학	대전광역시 중구 계룡로 771번길 77	042-259-1701
	한남대학교 간호학과	대전광역시 유성구 유성대로 1646	042-629-8882
	충남대학교 간호대학	대전광역시 중구 문화로 266	042-580-8321
부산	동주대학교 간호과	부산광역시 사하구 사리로 55번길 16	051-200-3394
	부산과학기술대학교 간호과	부산광역시 북구 시랑로 132번길 88	051-330-7211
	부산여자대학교	부산광역시 부산진구 진남로 506	051-850-3060
	경남정보대학교 간호학과	부산광역시 사상구 주례로 45	051-320-1596
	경성대학교 간호학과	부산광역시 남구 수영로 309	051-663-4860
	고신대학교 간호대학	부산광역시 서구 감천로 262	051-990-3951
	대동대학교 간호학과	부산광역시 금정구 동부곡로27번길 88	051-510-4913~6
	동명대학교 간호학과	부산광역시 남구 신선로 428	051-629-2671
	동서대학교 간호학과	부산광역시 사상구 주례로 47	051-320-2734
	동아대학교 간호학과	부산광역시 서구 대신공원로 32	051-240-2947
	동의과학대학교 간호학과	부산광역시 부산진구 양지로 54	051-860-3280
	동의대학교 간호학과	부산광역시 부산진구 엄광로 176	051-890-1554

지역	대학명	주소	전화번호
	부경대학교 간호학과	부산광역시 남구 용소로 45	051-629-5780
	부산가톨릭대학교 간호대학	부산광역시 금정구 오륜대로 74	051-510-0729
	신라대학교 간호학과	부산광역시 사상구 백양대로700번길 140	051-999-6237
	인제대학교 간호학과	부산광역시 부산진구 복지로 75	051-890-6826
서울	서일대학교 간호과	서울시 서초구 반포대로 222	02-2258-7420
	가톨릭대학교 간호대학	서울시 서초구 반포대로 222	02-2258-7420
	경희대학교 간호과학대학	서울시 동대문구 경희대로 26	02-961-0305
	고려대학교 간호대학	서울시 성북구 안암로 145	02-3290-4034
	삼육대학교 간호학과	서울시 노원구 화랑로 815	02-3399-1593
	삼육보건대학교 간호학과	서울시 동대문구 망우로 82	02-3407-8605
	서울대학교 간호대학	서울시 종로구 대학로 103	02-740-8804
	서울여자간호대학교 간호학과	서울시 서대문구 간호대로 38	02-2287-1700
	성신여자대학교 간호학과	서울시 강북구 도봉로 76가 길 55	02-920-7720
	연세대학교 간호대학	서울시 서대문구 연세로 50-1	02-2228-3220
	이화여자대학교 간호과학부	서울시 서대문구 이화여대길 52	02-3277-2873
	중앙대학교 적십자간호대학 간호학과	서울시 동작구 흑석로 84	02-820-5963/5968
	한국성서대학교 간호학과	서울시 노원구 동일로 214길 32	02-950-5415
	한양대학교 간호학부	서울시 성동구 왕십리로 222	02-2220-0700
	KC대학교 간호학부	서울시 강서구 까치산로24길 47	02-2600-2515
인천	인천재능대학교 간호과	인천광역시 동구 재능로 178	032-890-7320
	가천대학교(메디컬캠퍼스) 간호대학	인천광역시 연수구 함박뫼로 191	032-820-4097
	경인여자대학교 간호학과	인천광역시 계양구 계양산로 63	032-540-0180
	인천가톨릭대학교 간호대학	인천광역시 연수구 해송로12	032-830-7018
	인하대학교 간호학과	인천광역시 남구 인하로 100	032-860-8200
전남	광양보건대학교 간호과	전남 광양시 광양읍 한려대길 111	061-760-1547
	목포과학대학교 간호과	전남 목포시 영산로 413-1	061-270-2855
	순천제일대학교 간호과	전남 순천시 제일대학길 17	061-740-1248
	한영대학교 간호과	전남 여수시 장군산길 18-43	061-650-4045
	동신대학교 간호학과	전남 나주시 건재로 185	061-330-3588
	목포가톨릭대학교 간호학과	전남 목포시 영산로 697	061-280-5171

지역	대학명	주소	전화번호
	목포대학교 간호학과	전남 무안군 청계면 영산로 1666	061-450-2670
	세한대학교 간호학과	전남 영암군 삼호읍 녹색로 1113	061-469-1318
	전남과학대학교 간호학과	전남 곡성군 옥과면 대학로 113	061-360-5330
	청암대학교 간호학과	전남 순천시 녹색로 1641	061-740-7181
	초당대학교 간호학과	전남 무안군 무안읍 무안로 380	061-450-1810
	한려대학교 간호학과	전남 광양시 광양읍 한려대길 94-13	061-760-1334
	동아보건대학교 간호학과	전남 영암군 학산면 영산로 76-57	061-470-1767
	순천대학교 간호학과	전남 순천시 중앙로 255	061-750-3880
전북	군장대학교 간호과	전북 군산시 성산면 군장대길 13	063-450-8240
	전주비전대학교 간호과	전북 전주시 완산구 천장로 235번지	063-220-3810
	군산간호대학교 간호학과	전북 군산시 동개정길 7	063-450-3855
	군산대학교 간호학과	전북 군산시 대학로 1170	063-469-1991
	예수대학교 간호학부	전북 전주시 서원로 383	063-230-7764
	우석대학교 간호학과	전북 완주군 삼례읍 삼례로 443	063-290-1542
	원광대학교 간호학과	전북 익산시 익산대로 501	063-850-6070
	원광보건대학 간호학과	전북 익산시 익산대로 514	063-840-1310
	전북과학대학교 간호학과	전북 정읍시 정읍사로 509	063-530-9297
	전북대학교 간호대학	전북 전주시 덕진구 건지로 20	063-270-3122
	전주대학교 간호학과	전북 전주시 완산구 백마길 45	063-220-3232
	한일장신대학교 간호학과	전북 완주군 상관면 왜목로 726-15	063-230-5553
	호원대학교 간호학과	전북 군산시 임피면 월하리 727	063-450-7761
제주	제주관광대학교 간호학과	제주시 애월읍 평화로 2715	064-750-3510
	제주대학교 간호대학	제주시 제주대학로 66	064-754-3880
	제주한라대학교 간호학과	제주시 한라대학로 38	064-741-7659
충남	백석문화대학교 간호과	충남 천안시 동남구 문암로 58	041-550-2152
	국립공주대학교 간호학과	충남 공주시 공주대학로 56	041-850-0300
	나사렛대학교 간호학과	충남 천안시 서북구 월봉로 48	041-570-4259
	남서울대학교 간호학과	충남 천안시 서북구 성환읍 대학로 91	041-580-2710
	단국대학교 간호학과	충남 천안시 동남구 단대로 119	041-550-3880
	백석대학교 간호학과	충남 천안시 동남구 문암로 76	041-550-2151
	상명대학교(천안캠퍼스) 간호학과	충남 천안시 동남구 상명대길 31	041-550-5430
	선문대학교 간호학과	충남 아산시 탕정면 선문로 221번길 70	041-530-2764

지역	대학명	주소	전화번호
	순천향대학교 간호학과	충남 천안시 동남구 순천향6길 31	041-570-2492
	신성대학교 간호학과	충남 당진군 정미면 대학로 1	041-350-1343
	중부대학교 간호학과	충남 금산군 추부면 대학로 201	041-750-6415
	청운대학교 간호학과	충남 홍성군 홍성읍 대학길 25번지	041-630-3376
	한서대학교 간호학과	충남 서산시 해미면 한서1로 46	041-660-1087
	혜전대학교 간호학과	충남 홍성읍 대학길25	041-630-5202
	호서대학교 간호학과	충남 아산시 배방읍 호서로 79의 20	041-540-9530
충북	강동대학교 간호과	충북 음성군 감곡면 대학길 278	043-879-3426
	건국대학교 간호학과	충북 충주시 충원대로 268	043-840-3958
	극동대학교 간호학과	충북 음성군 감곡면 왕장리 산5	043-879-3762
	꽃동네대학교 간호학과	충북 청주시 서원구 현도면 상삼길 133	043-270-0611
	대원대학교 간호학과	충북 제천시 대학로 316	043-649-3284
	세명대학교 간호학과	충북 제천시 세명로 65	043-649-1785
	유원대학교 간호학과	충북 영동군 영동읍 대학로 310	043-740-1110
	중원대학교 간호학과	충북 괴산군 괴산읍 문무로 85	043-830-8673
	청주대학교 간호학과	충북 청주시 청원구 대성로 298	043-229-8991
	충북대학교 간호학과	충북 청주시 서원구 내수동로 52	043-249-1710

※ 2017년 입학생부터는 인증 받은 프로그램을 이수해야 간호사 국가시험을 볼 수 있다.